Liderando para alta performance

Dados Internacionais de Catalogação na Publicação (CIP)
(Câmara Brasileira do Livro, SP, Brasil)

Mandelli, Pedro
  Liderando para alta performance : conceitos e ferramentas / Pedro Mandelli, Antônio Loriggio. – Petrópolis, RJ : Vozes, 2017.
  Bibliografia.
  ISBN 978-85-326-5522-6

  1. Administração de pessoal 2. Liderança
  3. Líderes 4. Organização e administração
  I. Loriggio, Antônio. II. Título.

17-05615   CDD-658.4092

Índices para catálogo sistemático:
1. Liderança : Administração   658.4092

Pedro Mandelli
Antônio Loriggio

Liderando para alta performance

Conceitos e ferramentas

— VOZES —
NOBILIS

© 2017, Editora Vozes Ltda.
Rua Frei Luís, 100
25689-900 Petrópolis, RJ
www.vozes.com.br
Brasil

Todos os direitos reservados. Nenhuma parte desta obra poderá ser reproduzida ou transmitida por qualquer forma e/ou quaisquer meios (eletrônico ou mecânico, incluindo fotocópia e gravação) ou arquivada em qualquer sistema ou banco de dados sem permissão escrita da editora.

CONSELHO EDITORIAL

Diretor
Gilberto Gonçalves Garcia

Editores
Aline dos Santos Carneiro
Edrian Josué Pasini
Marilac Loraine Oleniki
Welder Lancieri Marchini

Conselheiros
Francisco Morás
Ludovico Garmus
Teobaldo Heidemann
Volney J. Berkenbrock

Secretário executivo
João Batista Kreuch

Revisão técnica: Mirtes Cristina Alves dos Santos Elgamal
Editoração: Leonardo A.R.T. dos Santos
Diagramação: Sheilandre Desenv. Gráfico
Ilustrações: Victor Augusto Farat e Amanda Gambale Borges (Exceto para ilustração da p. 73, cuja autoria é de Alexandre Maranhão)
Revisão gráfica: Nilton Braz da Rocha / Nivaldo S. Menezes
Capa: Felipe Souza | Aspectos
Ilustração de capa: © Sylverarts Vectors | Shutterstock

ISBN 978-85-326-5522-6

Editado conforme o novo acordo ortográfico.

Este livro foi composto e impresso pela Editora Vozes Ltda.

Agradecimentos

Todo conhecimento e experiência é produto de uma vida de muito trabalho e dedicação. O conteúdo deste livro, obviamente, não seria possível sem a inspiração de algumas das mentes brilhantes que admiramos e estudamos, cujas ideias traduzimos para a realidade de forma a tornar o processo de liderança algo o mais prático possível. São elas: Ken Blanchard, Patric Lencioni, David Bradford e Allan Cohen.

Esses autores criaram as bases para as ferramentas que exploramos e desenvolvemos neste livro e não encontramos palavras suficientes para dizer o quanto os admiramos e agradecemos pelas suas contribuições para a arte de liderar.

Nem sempre interpretamos ao pé da letra os conceitos criados por esses autores; muitas vezes cometemos ousados avanços e leituras um pouco diferentes, sempre trazendo para o contexto onde atuamos e ajustando para a situação que estamos vivendo e procurando solucionar, mas sempre respeitando as bases originais, o que nos dá muito orgulho.

Boas ideias surgem sempre, algumas viram moda e tornam-se virais por efêmeros dias e às vezes meses. As bases criadas por esses gênios já duram décadas, mostrando que são muito mais fortes que boas ideias e que vieram para ficar.

Nada mais justo do que pagarmos este tributo a essas pessoas especiais, mesmo sem nunca as ter conhecido, ao iniciarmos esta nova jornada editorial.

Prefácio

Certo dia eu tive uma espécie de conversa-aula com um renomado executivo brasileiro que, brincando com meu lado engenheiro, disse-me: "Ah, você é engenheiro, então acha que o mundo é cartesiano! Vou lhe contar uma história. Em toda a minha vida tentei contratar excelentes profissionais. Mas fui incompetente, pois sempre junto com o profissional veio uma *pessoa*".

Esse é o primeiro estalo de um gestor que quer virar líder: *liderança é uma ciência essencialmente humana*. E, tomando consciência disso, os seguidores da Mandelli & Loriggio podem navegar por essa disciplina nas próximas páginas, aprendendo conceitos, vivendo experiências compartilhadas nos casos, refletindo sobre sua própria realidade e tendo inúmeros e importantes *insights*.

Nos últimos anos tive a sorte e o privilégio de participar da criação de uma nova empresa. Se pensarmos do ponto de vista do negócio, não foi um processo iniciado totalmente do zero, visto que ela funcionava há anos como parte da diretoria de uma companhia maior. Quando pensamos, entretanto, em um plano de investimento ambicioso e estratégico para trazer novos acionistas, foi uma experiência completamente nova para uma empresa que, agora, precisava andar com as próprias pernas, trazendo uma nova identidade, com cultura e valores próprios e, para completar, no ambiente extremamente volátil que vivemos. Ou seja, uma experiência desafiadora que, sem sombra de dúvida, precisava gerar resultados e, ao mesmo tempo, desenvolver uma cultura de alto desempenho de maneira rápida, consistente e duradoura. Não há como fazer essa construção sem levar as pessoas a "quererem" fazer o que tem de ser feito. Isso é liderança!

Mas e as pessoas? Como embarcaram nesse desafio de dar frio na barriga? (A pergunta vale para mim também!) A brincadeira tinha ficado grande, precisávamos realmente de um exército coeso, e confesso que a minha energia pessoal teria se esgotado se o meu time não fosse o meu próprio combustível. Passados alguns anos, consigo dividir alguns aprendizados que voltaram à memória de forma muito cristalina após a leitura de cada capítulo deste livro:

1) **Autoconhecimento**: há anos dedico um bom tempo ao exercício de me conhecer. E não estou falando somente de habilidades e competências. Mas principalmente de interesses e de como funciono. Ter as rédeas da minha vida e a consciência das minhas características como pessoa e líder, da minha história e referências. Não é uma simples reflexão, mas um processo, uma ficha que cai a cada dia. O autoconhecimento me trouxe ferramentas para entender melhor as outras pessoas, seus interesses e dificuldades para realmente liderar individual e coletivamente.

2) **Conhecendo e liderando um a um**: vivo processos de avaliação de desempenho há muito tempo, checando e sendo avaliado em competências, resultados, potenciais, e definindo lacunas para o desenvolvimento. Mas, novamente, só conseguimos resultados sustentáveis quando o elemento

humano está presente para uma discussão franca baseada na confiança. E esta, para mim, é a melhor síntese da aula número "1" de liderança: uma pessoa só estará com você se ela realmente acreditar que tem algo a ganhar com você. Só passamos do fazer para o **querer fazer** com genuína confiança. As histórias descritas em relação a esse conteúdo no livro são uma grande prova disso!

3) **Um timaço**: recentemente, minha grande surpresa em desenvolvimento de times, depois de abraçar árvores e discutir relação durante muito tempo, veio de uma nova abordagem que fizemos para, efetivamente, amadurecer o grupo de forma sustentável. Em vez de começarmos pelas nossas críticas, apontamos nossa admiração um pelo outro. Foi um grande passo para a consolidação de um timaço. Quando conseguimos dizer o que víamos de potência e valores cara a cara, criamos a base de confiança genuína em grupo, e passamos a entender que nos complementamos com nossas diferenças. Fizemos um trato contra a nossa perda de energia, passamos a produzir em um outro patamar de resultados e consolidamos um alto padrão de confiança, mantendo-o como o nosso grande patrimônio. Um time de alto desempenho precisa ser construído com determinação, pois ele é a soma de vontades individuais de pertencer a um coletivo que faça sentido. A construção de uma equipe coesa e engajada é uma das partes centrais deste livro.

4) **Um exército: liderança pelo exemplo e cultura**. Para fazer frente aos desafios, passamos por uma discussão profunda sobre um grande pacto a ser firmado com toda a companhia. Nossos valores dariam o tom de como deveríamos nos comportar, nossa missão apontaria o foco do

nosso trabalho. Buscamos, em time, qual era a nossa razão de trabalhar todo dia com paixão. E aí, mais um salto para engajar o time estava por vir. Respondemos, com nosso coração, algo que nos tocaria na alma e que era realmente o nosso propósito. Descobrimos que somos loucos por transformar a logística do Brasil, e essa era a nossa maior liga. E a liderança? Sem ela não temos conexão, não temos comunicação direta, não vivemos os valores com exemplos, não aliamos a obsessão pelo resultado à disciplina na execução. A boa notícia é que liderança se aprende, e este livro é um ótimo manual para quem quer se inspirar e precisa de alta *performance*!

Tenho muito a agradecer ao Mandelli, ao Toti e à Livia por agregarem valor a todo esse aprendizado adquirido ao longo da minha vida. Eles nos ensinam e nos dão ferramentas para sermos líderes melhores, cuidando de um a um, formando times de alto rendimento de forma consistente. Com seus livros e suas aulas, criamos consciência de que armadilhas existem e precisamos atacá-las todos os dias.

Um obrigado especial por nos aportarem ainda mais conhecimento, colocando-nos nos trilhos para fazer o bem, fazer bem-feito e fazer para sempre.

Boa leitura (e muita prática, que é essencial)!

Marcello Spinelli
Diretor-presidente da VLI

Sumário

Introdução, 13

1 Liderando um a um, 17
Momentos marcantes de liderança e de antiliderança, 18
Como um líder desenvolve então seu estilo próprio?, 22
Primeiro passo: conhecer o liderado e a tarefa, 26
Os 4 níveis de evolução dos liderados, 30
A resposta adequada ao nível de evolução, 38
O comandante e o incauto motivado, 49
O treinador e o limitado frustrado, 57
O orientador e o capaz, mas inseguro, 62
O desafiador e o realizador independente, 66
Alguns erros no uso dos estilos, 70
Fazendo o planejamento um a um, 83
Combinando como gerenciar cada um, 90
Treinando a ferramenta, 94

2 Liderando equipes, 121
As armadilhas em que caem as equipes, 130
Evolução da maturidade da equipe, 153
Análise da toxidade do seu time, 181
Humor, amor e significado, 204

3 Você e seu time, 209

Referências, 213

Introdução

Em setembro de 2016, lançamos o livro *Exercendo liderança* com uma abordagem específica de criar as bases essenciais para o exercício da liderança com foco no próprio líder. Nele procuramos dar nossa melhor contribuição abordando 5 temas essenciais:

- entender o papel do líder;
- motivação, própria e dos liderados;
- proatividade como autopropulsão;
- equilíbrio emocional;
- o desafio das capacidades.

Em nosso trabalho como consultores em gestão de *performance* humana e mudança organizacional percebemos que faltavam ainda outros temas para efetivamente apoiar e preparar a liderança das empresas para que a organização pudesse fazer as mudanças e encontrar maior competitividade em um mundo cada vez mais veloz e exigente.

As mudanças precisam ser feitas **com** as pessoas, e o autodesenvolvimento do próprio líder, apesar de extremamente importante, não é suficiente.

Nossa vivência tem mostrado que os líderes, ao lidarem com equipes, precisam mudar seu próprio modelo mental do "fazer" para "fazer fazer", ou seja, outras ferramentas e conceitos passam a entrar em cena.

Temos trabalhado com centenas de empresas e preparamos milhares de gestores nos últimos anos. Reunimos neste livro o que consideramos essencial para liderar equipes.

Continuamos a acreditar que precisamos simplificar um pouco as coisas para que os chefes consigam se tornar líderes. Ao rever o conteúdo de um programa de liderança percebemos que o líder necessita ser um super-herói para conseguir lidar com tantas capacidades, habilidades, papéis e conhecimentos, além de ter disponível para si muito mais do que 24 horas ao dia. Começamos a refletir em como simplificar tudo isso e a nos perguntar o que seria essencial e quais elementos não poderiam faltar.

Dessa forma, o que veremos a seguir é fruto de percepções pessoais e, claro, sujeitas a críticas e contraposições. O mais importante não é se a priorização está perfeita ou não, mas é tê-la como uma referência para simplificar o processo de liderança, tornando-o mais eficaz e facilitando, assim, que o líder se aproprie do conteúdo.

Outro ponto que foi bastante elogiado no livro *Exercendo liderança* foi a forma adotada, em que sempre procuramos:

• apontar dicas e truques;

• propor técnicas e ferramentas;

• sedimentar tudo com histórias.

Neste livro seguiremos a mesma forma que se mostrou bem-sucedida e muito prática, tornando a leitura um pouco mais fluida.

O livro é dividido em duas partes bem distintas. Ambas envolvem o desenvolvimento de liderados direta ou indiretamente ligados ao líder: *liderando um a um* e *liderando times*.

Liderando um a um

Esta parte explica as bases para o exercício da liderança individualizada e focada na evolução de pessoas em suas tarefas e obrigações. Baseia-se na premissa de que pessoas em estágios de desenvolvimento diferentes em suas tarefas necessitam de abordagens diferenciadas por parte da liderança, tornando-a individualizada e eficaz.

Liderando times

Esta segunda parte, por sua vez, expõe as ferramentas e técnicas para que o grupo de liderados evolua como um time, desenvolvendo uma equipe que se torne mais forte e atinja resultados mais sustentáveis.

Veremos então, a seguir, as ferramentas para que possamos lidar de forma individual a cada liderado – o que chamamos de um a um – e aquelas para o tratamento do time como uma equipe.

Este conteúdo é o produto de décadas de nosso trabalho, sempre procurando traduzir os conceitos renomados e difundidos mundialmente para a realidade de líderes que desejam ou precisam desenvolver times de *performance* extraordinária. Recortamos e colamos centenas de vezes o aprendizado obtido em cada situação e em cada grupo de pessoas, fosse ele pequeno, médio ou grande, e resolvemos escrever o que aprendemos fazendo. Escrevemos os casos, sempre reais, apenas ocultando os nomes das pessoas e empresas, que dão valor ao contéudo, pois dão verossimilhança ao texto.

Sentimos um orgulho enorme na conclusão deste conteúdo, mas também sentimos que fazemos dessa forma o registro do que se passa em nossa cabeça quando estamos no palco das organizações e nas salas de reuniões orientando as lideranças.

Percebemos ao final, ao reler nosso mais novo filhote, que, na verdade, não deveríamos publicá-lo, visto ser uma "joia" que sempre guardamos a sete chaves: a nossa experiência! Resolvemos compartilhar com cada leitor, então, parte da nossa vida como consultores!

Aproveitem, degustem e usem!

1
Liderando um a um

O caso da secretária

Você está dentro de um escritório que tem apenas uma pessoa responsável por tudo – sua secretária –, e ela lá está há longos anos; portanto domina tudo, desde a minúscula poeira caída sobre os móveis até a estratégia de atuação que está secretamente armazenada apenas em sua cabeça (pelo menos é o que você imaginou!). De repente ela some, sai do seu escritório e avisa que não volta mais! Problema: O que fazer?

Rapidamente você contrata alguém com alguma experiência, mas que não conhece seu negócio, nem seu escritório, nem você. A pessoa está entusiasmada (altamente motivada), salário bom, escritório bonito e logo, no segundo dia, você tem uma viagem de negócios de duas semanas. Você passa então a sua agenda para ela e diz: "Prepare minha logística!" E ela, com medo de dizer que não sabe, ou mesmo achando que sabe, diz: "Deixa comigo!" Obviamente você vai ficar sem hotel, sem carro à sua espera, sem os contatos necessários, e sabe de quem foi a falha? Sua! Você deu um tratamento indevido ao desenvolvimento dela no trabalho. Não a demita, e sim se dê umas 30 chibatadas pelo seu erro de liderança!

Veja como tratar uma pessoa em uma tarefa na qual ela está muito motivada, mas não tem competência suficiente. Vai ser muito diferente de como se deve tratar alguém que está muito motivado e já sabe o que fazer. Tome cuidado com o seu estilo pessoal, pois você pode estar matando as pessoas do seu time, diminuindo-as, tornando-as mais dependentes de você, tirando a força delas e, finalmente, criando um processo de delegação de baixo para cima...

Então, como você procederia no caso de pessoas de sua equipe altamente motivadas e sem preparo? E por quanto tempo? Como procederia com pessoas que perderam a motivação, muito embora tenham já algum ou muito preparo acumulado? E como você trataria os inseguros, mas com boa experiência no que fazem e, finalmente, o que fazer com os altamente preparados e dispostos se a sua área não tem mais espaço?! Vai retê-los, tornando-os mais caros? Ou vai chamar o RH?

Liderar um a um é um enorme desafio para um gestor. Primeiro porque um gestor já tem dificuldade em saber qual o comportamento esperado de um líder: Qual estilo adotar? O que é certo e errado em liderança? Parece muito confuso, pois algumas atitudes certas em determinados momentos, com algumas pessoas, são erradas em outras horas com outro grupo. Ainda mais para líderes jovens e pouco experientes.

Momentos marcantes de liderança e de antiliderança

O efeito causado pelo uso inadequado de estilos de liderança pode ser mais importante do que muitos líderes pensam. Em nossos programas de liderança temos solicitado às pessoas que se lembrem de situações como liderados em que o líder, por ter adotado condutas inadequadas, tenha produzido fortes reações de desmotivação e desengajamento. Virtualmente todos os participantes possuem tais histórias e as contam com sentimentos muito fortes, mostrando que os impactos produzidos são importantes e, mais do que isso, eles ficam por muito tempo, pois não esquecemos os baques que tomamos. Também solicitamos histórias de situações em que a atitude foi muito adequada e o que teriam provocado em termos de motivação. Novamente todos falam de situações em que seus líderes atuaram de forma a conquistá-los e a conseguir de cada um ainda mais energia e vontade de acertar. Dificilmente alguém esquece uma situação dessas.

Chamamos isso simplesmente de momentos de liderança e de antiliderança. Liderança é quando conquistamos o liderado para mais próximo. Quando criamos um vínculo muito forte com ele. Note que isso não ocorre o tempo todo, mas em algumas atitudes especiais que tomamos. Essas atitudes são marcantes e ficam por muito tempo na lembrança de nossos liderados. A antiliderança é quando erramos na forma de nos relacionarmos com eles e, com isso, provocamos justamente o oposto, o distanciamento deles.

Toti Loriggio – Duas histórias próximas no tempo me passam pela memória ao pensar em momentos como esses. Estava em meu início de carreira como engenheiro naval no Porto de Santos. Eu era responsável por fazer vistorias e emitir certificados de segurança para os navios em trânsito. Era um domingo à noite, época em que não havia celulares, e eu, recém-formado, fui chamado para atender um navio químico que havia sofrido uma avaria. Chegando ao local, notei uma avaria no porão causada por uma batida no cais que perfurou o casco, deixando o navio sem condições de sair navegando se o buraco não fosse vedado, muito embora ele estivesse acima da linha-d'água. O problema era que o navio estava carregado de produtos químicos perigosos em um local onde não poderia haver qualquer tipo de faísca ou fogo. Então, qualquer tipo de solda estaria fora de questão. Sem saber como prosseguir, minha primeira tendência foi me esquivar de qualquer risco e exigir a soldagem, sem me importar com o que se precisasse fazer para consegui-lo. Para isso certamente teria que descarregar totalmente o navio, e isso seria inviável naquele momento, pois ele estava pronto para partir em viagem. Comecei, então, a ter ideias e a conversar com o chefe de máquinas de bordo, pessoa experiente e razoável. Chegamos à ideia de fazer um dispositivo vedante com chapas e borracha em uma oficina fora do navio, onde a solda fosse permitida, e, depois, parafusá-lo na estrutura do navio. A ideia maluca deu certo e os testes de estanqueidade funcionaram. Eu morri de medo de estar fazendo besteira, mas me pareceu a coisa mais certa a fazer e, após fotografar a solução, assinei a papelada autorizando a saída do navio. Com muito cuidado e apreensão fiz um relatório técnico incluindo as fotos e desenhos sobre a situação e enviei para nossa matriz no Rio de Janeiro. Após alguns dias sem notícias sobre como o relatório havia sido aceito, recebi um boletim técnico especial, emitido pelo meu chefe que ficava no Rio de Janeiro, que incluía o meu relatório como um bom exemplo do nível de risco que se esperava nas vistorias e da forma exemplar como havia sido conduzida a situação, que era muito complicada. Meu nome havia sido tirado do boletim e depois soube que isso foi feito para evitar crises de ciúmes nos vistoriadores mais experientes. Esse foi um momento de liderança em que minha motivação foi aos céus. Nessa mesma época ocorreu um momento oposto. Como sempre eu era chamado para fazer vistorias de coisas que nunca tinha feito e acabava usando o bom-senso e minha formação de engenheiro para sair vivo das situações. Fui chamado para fazer vistoria de um contêiner que havia sido avariado. Como sempre, analisei a situação e recomendei os reparos. Cuidei pessoalmente de verificar as soldas e os materiais utilizados. Medi o resultado final e fiz os testes para ver se estava tudo certo e emiti o certificado de aprovação. Nesse caso, não esperava surpresa alguma, pois o reparo tinha ficado excelente, mas, alguns dias depois, um par de meu chefe que tinha fama de truculento me liga e começa a gritar, dizendo que eu não poderia ter feito a vistoria de um contêiner, porque contêiner não era navio, e começou a falar de outra regulamentação que eu não conhecia e que exigia algumas poucas coisas diferentes das que eu havia feito. Fiquei muito preocupado e chateado com a situação, pois havia feito o que me parecera correto e estava tomando uma bronca daquelas. O principal ponto era um teste de empilhamento do contêiner (colocar contêineres pesados sobre o contêiner reparado) para verificar se ele estruturalmente estava seguro ou não, o que eu não havia feito. Quando falei em ir atrás e refazer o teste, essa pessoa falou que não seria indicado, pois a besteira já estava feita, e voltar atrás abriria uma suspeita sobre nossa credibilidade como empresa. Mesmo contra o que esse chefe havia falado, voltei ao local e improvisei um teste que se assemelhava ao que deveria ter sido feito, e deu tudo certo. Pelo menos eu consegui dormir naquela noite. As duas situações marcantes ficaram na memória. Em uma o líder acertou em cheio a forma de conduzir, e na outra errou redondamente.

Como evitar cair na antiliderança? Desenvolvendo um estilo mais adequado para cada situação.

Como um líder desenvolve então seu estilo próprio?

a) Observando seus próprios líderes e concluindo quais atitudes funcionaram e quais não funcionaram: Quais pessoas foram bons líderes e o que faziam para isso? Quais foram maus líderes e o que faziam? Com isso, ele adota as boas práticas e evita as más e "toca a sua vida" como líder. Como exemplos normalmente utilizamos pais, mestres, treinadores e até conhecidos.

b) Desenvolvendo experiências como líder com seus próprios liderados. Com isso, ele se vê diante de sucessos e fracassos e desenvolve mais os espaços dos sucessos e evita passar pelas opções de fracasso, desenvolvendo uma teoria própria de liderança. Por exemplo, se você experimentou dar espaço e delegar para um determinado liderado e este respondeu muito bem a isso, você terá a tendência a repetir essa prática e adotar um modelo mais delegador como parte de seu estilo pessoal.

c) Aproveitando-se de suas características pessoais e de personalidade que facilitam o uso de alguns recursos e dificultam o uso de outros. Por exemplo, uma pessoa mais extrovertida pode ter mais facilidade na comunicação e na abertura com os liderados, então ela passa boa parte do tempo em atividades desse tipo. Uma pessoa introvertida pode não usar muito essa prática, mas por outro lado terá uma excelente profundidade nas análises e na coerência de seus atos, pois gosta de refletir e se sente mais segura quando tem os dados e fatos na mão antes de decidir. Um líder pode gostar mais dos detalhes do que outro, e com isso vai se aproximar mais e controlar mais do que outro. Outro se sente bem planejando e pensando no futuro e converge seus esforços de liderança para esse modelo, e assim por diante. Esse jeito pessoal de cada um traz um toque no estilo de liderança que se torna visível no final para os liderados.

Esses três caminhos naturais acabam por modelar um estilo que o líder pratica em seu dia a dia. Não há algo de errado com o estilo, mas ele se torna um modelo mais ou menos fixo e que de certa forma pode refletir um jeito adaptado de atuação e, em alguns casos, um estilo de conforto, pois é um estilo em que o líder se dá bem. Sim, porque ele teve modelos que o referendavam, experiências pessoais que o confirmavam e, em parte, porque ele gosta de atuar dessa maneira.

A pergunta que fica é: Será que essa é a melhor forma de atuação para o momento que ele vive hoje com a sua equipe? Será que sua equipe atual possui semelhança com as equipes dos seus antigos chefes que serviram para modelar seu estilo? Ou teria ela as mesmas características de suas equipes anteriores e que construíram os sucessos e fracassos que moldaram parte de seu estilo?

A mesma pergunta é válida para o contexto e o momento no qual a empresa está inserida: Será que essas características pessoais do líder respondem exatamente o que o seu pessoal atual necessita?

O que temos reparado é que, no final, o estilo adaptado e de conforto acaba não sendo aquele que responde tanto às necessidades do time quanto ao contexto em que está inserido. Eventualmente, pode acontecer de estar ajustado e produzir grande êxito, mas será válido enquanto a situação durar, o que, nos dias atuais, pode não ser muito.

O segredo de liderar um a um é a flexibilidade no estilo, ou seja, o líder praticar diversos estilos diferentes e aderentes a cada realidade que vive.

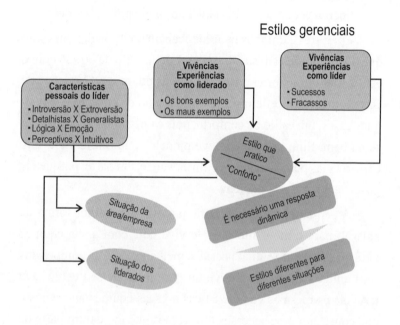

Para tornar isso prático é necessário o uso de alguma ferramenta que possibilite o enquadramento da realidade em algumas alternativas, viabilizando a famosa abordagem situacional.

Ken Blanchard trabalha com essa ideia há muitos e muitos anos e solidificou uma ferramenta utilizada com sucesso e que foi aperfeiçoada recentemente. Evoluímos em nossas experiências a partir do modelo de Blanchard et al., apresentado no livro *Liderança de alto nível*, e o adaptamos. Fazemos a seguir uma releitura dos conceitos com ajustes de nomes e ideias, mas mantendo a mesma base conceitual tão brilhantemente formulada pelo autor.

Paulo liderando João

Paulo: João, gostaria de falar com você sobre aquele projeto crítico que você está tocando. Como estamos atrasados, resolvi lhe ajudar e refiz os planos inserindo toda uma nova abordagem e redefinindo as prioridades. Preciso passar as premissas para você com urgência.

João: Ok, Paulo. Não creio que o problema dos atrasos estivesse no plano anterior em si, pois você sabe que tenho bastante experiência sobre esse tipo de projeto, mas o principal foco está em algumas resistências que tenho enfrentado por parte da equipe.

Paulo: Certo, João. Pode deixar que eu mesmo falo com a equipe e "dou uma pegada" neles quanto à resistência e, como já estamos atrasados, já aviso que estou assumindo a frente do projeto para acabar logo com esse tipo de situação.

João: Paulo, preferiria que você me apoiasse na recuperação da situação. Acredito que, se eu marcar uma reunião com o grupo e conduzi-la solicitando a mobilização de todos, você poderia encerrá-la reforçando a importância do projeto para os resultados da área.

Paulo: Olha, João. Não quero bobear nesse assunto, então vamos seguir do jeito que eu falei. Se quiser, pode me passar um *briefing* do que você gostaria de falar para eles até hoje à tarde que amanhã eu conduzo a reunião.

João: Ok. Passo-lhe o *briefing* até o fim da tarde.

No caso acima, Paulo claramente deixa João desmotivado, frustrado e encolhido. Perde uma grande chance de desenvolver o João, pois entendeu errado o que ele estava precisando para evoluir. Paulo certamente irá resolver o problema, mas adotando um estilo que traz efeitos colaterais para a motivação do João, que está inseguro quanto a sua aceitação pelo grupo. Ao assumir a liderança do projeto, Paulo estará justamente piorando essa insegurança, embora consiga fazer progresso com o projeto.

O primeiro passo para acertar o estilo de liderança está em entendermos o que está acontecendo com o liderado ao executar certa tarefa.

Primeiro passo: conhecer o liderado e a tarefa

Costumamos sempre comentar que precisamos de que nossos liderados estejam preparados e dispostos para certa tarefa. Entretanto, isso nem sempre acontece de forma estável e, claramente, o preparo e a disposição variam de acordo com a tarefa a que o liderado está submetido. Para algumas tarefas uma pessoa pode estar preparada e disposta, enquanto para outras ela pode estar preparada e não disposta; ou mesmo disposta, mas não preparada; ou ainda nem preparada nem disposta. E estamos falando da mesma pessoa. Faremos então a análise em separado de preparo e disposição para cada tarefa, desafio ou projeto em que cada liderado estiver envolvido. Esse é o início da liderança um a um.

O liderado está preparado?

Ele estará preparado se seus **conhecimentos** e **habilidades** forem suficientes para cumprir a tarefa. Portanto, tudo parte de entender as necessidades exigidas pela tarefa. Sem isso, torna-se impossível avaliar se nosso liderado está ou não preparado. Temos visto muitas falhas na liderança por ela não entender em detalhes o que é exigido por determinada tarefa e erra nessa avaliação criando muitos problemas para si própria.

- **Conhecimentos** são as coisas que as pessoas **precisam saber**.
- **Habilidades** são as coisas que as pessoas **precisam saber fazer**.

Conhecimentos que precisamos entender tanto na tarefa quanto no liderado

Conhecimento é o conjunto de informações que orienta as nossas ações em direção aos objetivos. Exemplos de conhecimentos: técnicos da profissão, da realidade da empresa e do segmento, dos produtos, processos, mercado e concorrência, modelos de gestão, liderança, organização, planejamento.

O conhecimento, embora tenha uma parte formal, está dentro de nossas cabeças e, portanto, não pode ser lido com facilidade.

- Conhecimento técnico formal

Está ligado à formação do liderado, com os cursos que efetivamente ele cursou e com sua base. Nem sempre esse conhecimento é duradouro ou efetivo, pois depende da qualidade da formação ministrada.

- Conhecimento técnico informal

Está ligado aos conhecimentos adquiridos com a experiência e a vivência prática.

• Conhecimentos de gestão transferíveis

São aqueles ligados à gestão de maneira genérica, ou seja, podem ser úteis em diversas áreas, pois são mais universais. Por exemplo: negociação, resolução de problemas, processo decisório, gestão de projetos, gestão de mudanças, liderança etc.

• Conhecimentos de gestão específicos

São aqueles ligados à gestão, mas exclusivos de determinadas áreas, como, por exemplo, conhecimentos dos produtos e processos, operações, *marketing*, recursos humanos e outros.

Habilidades

As habilidades são desenvolvidas principalmente com a prática e o exercício. Alguns exemplos:

• pensamento estratégico;

• orientação para execução;

• flexibilidade;

• ouvir;

• sintetizar;

• trabalho cooperativo em times;

• mobilização de pessoas;

• raciocínio analítico;

• atenção a detalhes.

Fazendo a comparação entre o que o liderado precisa em matéria de conhecimentos e habilidades para realizar uma tarefa e o que ele efetivamente possui, nós saberemos se ele está ou não preparado.

Consideramos muito importante uma conversa formal entre líder e liderado no sentido de aprofundar esse assunto. Não se trata de simplesmente perguntar a ele: "Você está preparado?"

Se você simplesmente fizer essa pergunta, a resposta será sempre "sim". Claro, pois ninguém se acha despreparado. Mas se vocês juntos discutirem a tarefa e chegarem ao conjunto de conhecimentos e habilidades necessários e novamente juntos acertarem se o liderado chega ou não ao nível desejado das diversas partes dos conhecimentos e habilidades, sem que haja nenhuma punição por não chegar, aí sim você terá feito um bom trabalho de entendimento. Ao realizar essa etapa, você estará mostrando ao seu liderado que se interessa por ele e pelo que precisa ser feito. Esse simples gesto tem feito grandes diferenças nas relações líder-liderado.

O liderado está disposto? Está com a atitude correta?

Novamente não podemos começar perguntando dessa forma direta. Raramente alguém irá admitir que não está disposto. Muito menos com atitude inadequada. Então precisamos buscar os sinais que indiquem se o liderado terá uma atitude favorável ou não. Temos de entender:

- motivação;
- autoconfiança;
- engajamento/comprometimento;
- responsabilidade.

A pessoa disposta é aquela que se mostra motivada (tem vontade de fazer), confiante, porque acredita em si mesma e entende que o que há de ser feito é necessário e importante; por isso entrega-se à tarefa.

A motivação pode ser observável na energia demonstrada pela pessoa, no brilho de seus olhos e na sua alegria.

A confiança será acusada se perguntarmos como a pessoa se sente diante do desafio. Pessoas que estão titubeantes reduzem a velocidade e acabam parecendo menos dispostas.

Já o comprometimento está mais ligado à seriedade com que a pessoa enfrentará a tarefa e o quanto se entregará para garantir que as coisas funcionem.

A pessoa que se sente responsável assume para si a realização e não se comporta como vítima das circunstâncias, esquivando-se das consequências.

Novamente, em uma conversa aberta (que pode ser feita sobre o preparo), você, em conjunto com o liderado, poderá tirar as conclusões sobre a disposição por meio dos indícios de motivação, autoconfiança, comprometimento e responsabilidade que norteiam a atitude do liderado quanto à tarefa.

Estilos gerenciais

- Avaliação do colaborador
  - Conhecimento técnico-formal
  - Conhecimento técnico-informal
  - Conhecimento gestão-transferíveis
  - Conhecimento gestão-específicos
- Atitudes
  - Motivação
  - Autoconfiança
  - Engajamento/comprometimento

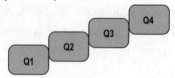

Os 4 níveis de evolução dos liderados

O preparo e a atitude não ficam estáveis ao longo da execução da tarefa e, ao mudarem, também precisamos mudar nossa forma de gestão. Enquanto o preparo vai sempre crescendo ao longo do tempo, pois dificilmente desaprendemos, a atitude pode variar de forma mais caótica.

Identificamos 4 níveis de evolução dos liderados diante de uma tarefa que são determinados exclusivamente pelo preparo e disposição em cada fase. A combinação entre diferentes preparos e disposições é que determina certo nível de evolução.

O gráfico a seguir mostra os diversos níveis Q1, Q2, Q3 e Q4, seus respectivos nomes e como são determinados através de seu preparo e disposição.

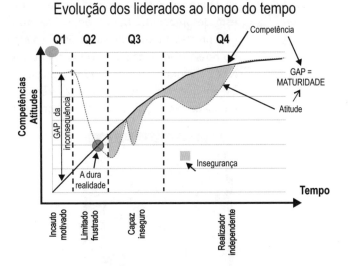

Incauto motivado

O estágio inicial é caracterizado por um baixo ou nenhum preparo e por uma atitude muito elevada.

> **Toti Loriggio** – Vou tomar um exemplo que aconteceu comigo. Gosto de trabalhar com ferra-

mentas em madeira e metal e, em vários anos, colecionando e usando diversos tipos de ferramentas, montei uma oficininha bem equipada. Até que chegou o dia em que eu decidi comprar um compressor de ar e equipamento de pintura. Achei que seria uma grande moleza, uma vez que eu sabia mexer com muitos outros tipos de ferramenta, esta seria mais uma que, em pouco tempo, eu já estaria dominando. A primeira coisa que resolvi pintar foi uma geladeira mais antiga que estava feia. Comprei os materiais e estava realmente animado e confiante. Parecia uma criança com um brinquedo novo. Essa é a típica descrição de um incauto motivado. Possui uma atitude extremamente positiva, mas um preparo muito baixo. O preparo é tão baixo que ele nem sabe que está despreparado. Daí o nome "incauto", pois está prestes a tomar um susto. Essa é a essência do nosso nível 1, também conhecido como Q1. Neste quadrante temos o *gap* da inconsequência em que o incauto por total despreparo fica à mercê de riscos que podem ser importantes.

Q1 INCAUTO MOTIVADO

Limitado frustrado

> **Toti Loriggio** – Iniciei o trabalho de pintura da porta da geladeira. Logo nos primeiros momentos percebi que aquilo não era tão fácil. A pintura não ficava homogênea e quando eu aumentava a quantidade de tinta ocorriam respingos que escorriam pela superfície. A cada problema precisava esperar secar e lixar para recomeçar e novamente os respingos. De repente, quando consegui não respingar, a superfície pareceu manchada. Um desastre. Aquilo foi me frustrando e, em certo momento, abandonei tudo e até pensei em dar o equipamento para alguém de tanta raiva e frustração que eu sentia.

Essa é a mudança para o estágio 2 (Q2), quando se percebe que fazer a tarefa não é tão fácil quanto parece e que dominar o preparo parece impossível e distante. Isso causa uma reação de descrença e desmotivação que compromete a continuidade. Nessa etapa, o preparo evoluiu um pouco em relação à etapa anterior, mas ainda não é suficiente para garantir a entrega e a disposição despenca, caracterizada por uma motivação baixa, autoconfiança prejudicada e, muitas vezes, com o comprometimento chegando a níveis críticos. Nessa etapa ocorre o choque de realidade expresso no gráfico da página 31 como "a dura realidade".

> **Toti Loriggio** – Já havia desistido do assunto "pintura da geladeira" quando ao conversar com um amigo, que já tinha muito mais experiência do que eu, orientou-me sobre como evoluir. Você precisa aprender antes de sair pintando. Ele me recomendou comprar um aerógrafo, que é uma pequena pistola de pintura com maior controle e menor área de pintura, e iniciar pintando em papel com tinta à base de água, para ganhar

experiência com viscosidade da tinta, que é o elemento essencial para garantir o fluxo de tinta correto, e isso não é nada fácil. Também deu dicas preciosas sobre a secagem, a temperatura ambiente e a umidade do ar, que influenciam muito. Finalmente a instalação de alguns filtros de ar na linha reduziu em muito os problemas. Mesmo assim não foi fácil, pois foram necessárias muitas tentativas até eu achar que poderia voltar à pistola original.

Q2 LIMITADO FRUSTRADO

Capaz inseguro

Toti Loriggio – Mesmo tendo evoluído muito e aprendido o básico da pintura, eu não tinha coragem de voltar ao projeto da geladeira. Não me achava à altura do desafio e o trauma tinha sido grande. Aos poucos, fui fazendo trabalhos menos exigentes para ganhar segurança e confiança. Pinturas com vernizes em madeira não ficam muito visíveis quando ocorrem os escorridos e são mais fáceis de lidar com a viscosidade e secagem.

Pintei com tintas foscas ainda em madeira para não ter a preocupação com o brilho da pintura. Fiz diversos testes com as tintas automotivas (são mais difíceis, pois secam muito rápido) em peças sem nenhuma exigência de uso, como nas minhas próprias ferramentas.

Esta etapa é caracterizada por um aumento muito importante no preparo e na competência. A pessoa já consegue entregar a tarefa, mas ainda se sente insegura e instável quanto à disposição. Não exatamente um problema de motivação, mas a motivação fica alterada e menor. Não é um problema de engajamento/comprometimento, mas o mesmo também fica travado. O principal ponto é a insegurança derivada de uma baixa autoconfiança que faz com que a pessoa perca parte da disposição.

No gráfico da página 31 vemos que a insegurança é representada por um nível de preparo e competência acima da linha da atitude e disposição. Atitude e disposição oscilam, mas estão sempre abaixo do próprio preparo. Chamamos também essa etapa de Q3.

Q3   CAPAZ INSEGURO

Realizador independente

Toti Loriggio – Finalmente ganho coragem para fazer a repintura da geladeira. Com muito cuidado e receio faço a pintura e, embora não tenha sido sem respingos, fui muito bem e consegui um resultado surpreendente que me deu segurança para outros tipos de trabalhos mais avançados. Daí por diante comecei a gostar bastante do assunto e, pasmem, cheguei a ensinar outras pessoas sobre como evoluir nesse assunto.

Esta é a etapa final (Q4) na qual preparo e disposição estão presentes em altos níveis e a maturidade na tarefa é atingida e podemos contar com todo o potencial de nossos liderados.

É frequente vermos pessoas que atingem Q4 em determinada tarefa, mas, por falta de estímulo e desafios, acabam se desmotivando. Esta desmotivação se torna incoerente com o estágio Q4 e, quando isso acontece, dizemos que a pessoa decai para Q3 por ter uma atitude inconsistente, embora esteja preparada para a tarefa.

Q4 REALIZADOR INDEPENDENTE

Os quatro níveis representam a evolução natural de uma pessoa e a sua identificação é essencial para entendermos as necessidades específicas de cada estágio.

Níveis de evolução

	Q1 INCAUTO MOTIVADO	Q2 LIMITADO FRUSTRADO	Q3 CAPAZ INSEGURO	Q4 REALIZADOR INDEPENDENTE
ATITUDE/ DISPOSIÇÃO	ALTA Animado Motivado Confiante Otimista Esforçado	BAIXA Decepcionado Desmotivado Sem vontade Com medo	VARIÁVEL Às vezes inseguro Cuidadoso Às vezes normal	ALTA Seguro Consistente Motivado Positivo
PREPARO	BAIXA Não está pronto Acha que vai ser moleza	ALGUM Evoluiu bastante, mas ainda insuficiente Acha que não consegue	MÉDIO ALTO Conhece o necessário para a entrega e sabe aplicar	ALTO Alto Excelente Pronto Proficiente
DESEMPENHO	Não é capaz de entregar sozinho	Não atende às expectativas e ainda precisa de ajuda na entrega	Atende as expectivas	Independente Supera as expectativas

Note que Q1 e Q2 são estágios em que não é possível uma entrega completa da tarefa. O preparo ainda é baixo e, no exemplo citado, só foi possível realizá-la em um ambiente protegido (aerógrafo em papel com tinta à base de água). Já em Q3 e

Q4, o preparo permite que haja a entrega completa da tarefa. Chamamos os estágios Q1 e Q2 de fase de aprendizado e Q3 e Q4 de aperfeiçoamento. Na questão de atitude, temos uma fase problemática em Q2 e Q3 em que a disposição cai no primeiro momento e fica instável no segundo. Em Q1 e Q4 não existe nenhum problema de disposição, o que é muito bom.

Precisamos sempre lembrar que uma mesma pessoa pode estar em mais de um estágio, dependendo da tarefa que estará desempenhando, pois o estágio se refere a uma pessoa executando certa tarefa. Uma mesma pessoa pode estar em estágio Q1 em uma nova atividade e, simultaneamente, em estágio Q4 em outra que já domina totalmente. Outro ponto a se ressaltar é nunca falarmos que uma pessoa é um determinado "Q", e sim que ela está em um determinado "Q", pois tal condição pode evoluir e mudar com o tempo e a maturidade na tarefa.

A resposta adequada ao nível de evolução

Dado um determinado Q, sua atuação como líder precisa ser diferenciada. Esqueça o seu estilo anterior e passe a responder com aquilo que o liderado necessita para cada tarefa naquele estágio de evolução.

A resposta às necessidades dos liderados passa pela dose correta de **diretividade e treinamento** e de **apoio e orientação**.

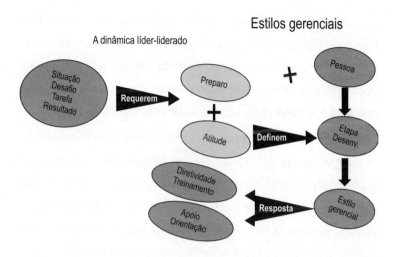

Quando falta preparo, entram diretividade e treinamento

Quando o liderado está com seu preparo abaixo do necessário, não adianta esperarmos que as coisas ocorram certas, porque isso dificilmente acontecerá. Não podemos exigir que uma pessoa com baixa competência na tarefa saiba tomar as decisões corretas, estabelecer bons objetivos, executar com proficiência as atividades, estabelecer e cumprir prazos. A falta de preparo de um liderado exige uma resposta à altura do líder e essa resposta passa por chegar mais perto dele e efetivamente dizer o que precisa ser feito, quando precisa ser feito e como. Isso se chama diretividade, isto é, fornecer o correto direcionamento. Uma vez que o deixemos sem isso, o direcionamento adotado seria inadequado pela falta de preparo. Além da diretividade, é preciso que treinemos o liderado para que ele evolua em seu preparo. Para isso é preciso que ele ponha a "mão na massa", mas, em geral, com alguma proteção para que aprenda sem prejudicar o desempenho. Reduzimos o escopo de atuação e nos envolvemos para que haja o aprendizado sem perda de desempenho.

Pode, a princípio, parecer estranho, pois todo livro de liderança recomenda que o líder precisa delegar. Mas será possível a delegação sem o devido preparo? Portanto, é preciso tomar todo o cuidado e delegar partes para as quais se tenha certeza do preparo e, para as demais, deve-se estabelecer atividades cuja execução sirva como aprendizado para o liderado, sem comprometer a área, caso ocorram erros. Você pode fazer isso ficando mais perto para checar, trabalhando com ele para não deixar os erros avançarem ou estabelecer pontos de verificação antes de deixar a tarefa avançar, sem que seja tarde demais.

As necessidades a serem supridas são:

• **Definir objetivos e metas**: sem o devido preparo a definição de objetivos e metas torna-se um verdadeiro tiro no escuro. Os liderados podem até desejar se comprometer com os objetivos e metas estabelecidos, mas, se eles forem criados a partir de uma fundação frágil, fatalmente afundarão. Em situações nas quais o preparo não é suficiente o líder deve assumir o papel de definir objetivos e metas.

• **Tomar decisões**: o raciocínio aqui é parecido com o tópico acima. Tomada de decisão envolve conhecimento e experiência e implica riscos que, muitas vezes, não são visualizados por liderados despreparados. Muitos acham que sua intuição é suficiente para garantir boas decisões, mas todos nós sabemos que nada substitui a experiência e o preparo, principalmente para a tomada de decisão. Então, quando o preparo está abaixo do necessário, o líder assume o papel de tomar as decisões.

• **Acompanhar e controlar**: são atividades essenciais para ensinar o liderado, corrigindo os desvios em tempo e orientando quando houver dúvidas, como também evitando que grandes problemas aconteçam. É muito comum os líderes delegarem tarefas para liderados despreparados e, somente ao final, quando é tarde demais, se envolverem e colocarem toda a culpa no liderado. Nunca se esqueça de que podemos delegar uma tarefa, mas nunca delegamos a responsabilidade pelo seu resultado. Portanto, errar nesse ponto é dar um tiro no próprio pé. O líder deve estabelecer os rituais de acompanhamento individuais, compatíveis com o preparo do liderado, garantindo, dessa forma, o aprendizado e o resultado.

• **Esticar o desempenho**: sem desafios o aprendizado é lento e não podemos contar com pessoas despreparadas por muito tempo. A cada momento, o líder deve tirar o liderado de sua zona de conforto e ir esticando o desempenho, mesmo com a tarefa principal quebrada em várias partes e controlada de perto. Se tudo estiver muito fácil, ele vai encostar e deixar você fazer tudo. Cuidado! Estar perto, decidir, não significa fazer tudo por ele!

• **Definir prioridades e prazos**: o senso de prioridade é uma daquelas capacidades desenvolvidas com algum tempo de área ou mesmo de empresa. A prioridade pode envolver o entendimento do que é senso de urgência em cada situação; e isso pode requerer conhecimentos mais profundos de clientes, concorrência, mercado ou, até mesmo, da cultura interna da empresa. Um dos sintomas que sempre coleto quando estou entendendo as empresas é o quanto as equipes estão preparadas para definir prioridades. Esse sintoma dá uma noção do preparo de um time. Quando os times se dizem despreparados para definir prioridades ou que nunca entendem as prioridades da empresa, é sinal de que falta preparo. Se for esse o caso, o líder deverá assumir mais essa responsabilidade, pois prioridades erradas desperdiçam recursos valiosos.

• **Ensinar e treinar**: parte do seu tempo precisará ser dedicada a ensinar, treinar e capacitar o liderado que não está preparado. Se não puder ser você no papel de líder, alguém deve assumir esse lugar, em geral, outro liderado melhor preparado ou outras opções que cumpram esse papel. A questão sempre é como acelerar o preparo para sair dessa incômoda lacuna.

Todas essas atividades que precisam ser assumidas pelo líder estão relacionadas com a falta de preparo que ocorre justamente nos níveis de evolução Q1 e Q2. Esses níveis tornam a vida do líder muito pesada, pois ele precisa descer demais e cuidar para que o despreparo não produza efeitos negativos. Portanto, tão importante quanto detectar quem está nesses níveis e fornecer o correto direcionamento é acelerar sua progressão para os níveis em que isso tudo não seja tão necessário.

Impulsinadores dos estilos

Estilos gerenciais

Diretividade/Treinamento
- ✓ Definir objetivos e metas
- ✓ Tomar decisões
- ✓ Acompanhar/controlar
- ✓ Esticar o desempenho (desafiar)
- ✓ Definir prioridades e prazos
- ✓ Ensinar

Quadrantes 1 e 2

Apoio/Orientação:
- ✓ Escutar
- ✓ Elogiar/reconhecer
- ✓ Dar *feedback*
- ✓ Compartilhar responsabilidades
- ✓ Buscar envolvimento/participação
- ✓ Resgatar confiança
- ✓ Entender os problemas de atitude
- ✓ Mostrar-se disponível para ajudar

Quadrantes 3 e 4

Quando falta atitude, entram apoio e suporte

Quando a atitude do liderado está abaixo da necessária, precisamos interferir em seu estado emocional. A baixa disposição, motivação e a pouca autoconfiança podem, inclusive, afetar quem já possui um ótimo preparo. Encontrar os espaços que efetivamente mudem a disposição do liderado diante da tarefa é talvez mais difícil que enfrentar a falta de preparo. Existem, entretanto, algumas dicas que nunca fazem mal e, na maioria das vezes, resolvem esses casos mais simples. Talvez deixemos os casos mais complexos para os psicólogos, reconhecendo nossa limitação como chefes e líderes.

O líder, então, precisa lançar mão de suas ferramentas básicas de certa proximidade no nível emocional do liderado que denominamos de apoio e suporte, sempre entendendo esses nomes ligados à parte emocional do liderado e nunca à parte técnica.

• **Escutar**: é incrível o que se consegue como líder, muitas vezes apenas escutando e sem pronunciar uma única palavra. O dia a dia corrido, a pressão e a dinâmica organizacional fazem com que não estejamos à disposição dos liderados quando eles mais precisam de nós. A escuta ativa, ou seja, a escuta na qual nossa eventual resposta foi influenciada pelo que foi falado por nosso interlocutor é uma admirável ferramenta de modificação do estado emocional de um liderado e, portanto, de sua disposição. Ao escutar, procure dar a sua prioridade como chefe a isso. Não atenda ao telefone, não responda e-mails e nem se deixe interromper. Dê ao seu liderado alguns minutos de total atenção e prioridade. Ele merece isso e, mesmo que você não concorde, muitas vezes sua atenção é suficiente para melhorar a situação. Quando estiver escutando, procure sempre ter certeza de que entendeu. Não comece nunca uma conversa dessas achando que já sabe o que seu liderado vai lhe falar. Repita o que entendeu com as suas palavras para garantir e mostrar que estava atento e responda com atenção, respeito e sinceridade.

• **Elogiar e reconhecer**: quando o liderado está por baixo, com sua autoconfiança ferida, com sua disposição abalada, é preciso encontrar alguns pontos de apoio para fazer sua motivação crescer. Encontre os pontos nos quais ele está acertando e indo bem. Reconheça e mostre a ele como essas coisas são importantes para você. Nessa hora em que ele só vê a parte do copo vazio, o líder entra para mostrar que uma parte do copo está cheia. Elogio, prestígio e reconhecimento são combustíveis para nossa alma. Lançar mão desses preciosos recursos nessas horas torna-se essencial.

• *Feedback*: nada mais é do que conversar com o liderado sobre o que está acontecendo. Mostrar-lhe como você vê as coisas. Orientá-lo em como evoluir e mudar de atitude. O segredo de um *feedback* construtivo está em transformá-lo em um presente. Algo precioso que você está entregando, porque deseja sinceramente o bem do outro. Qualquer conversa com esse clima faz muito bem a quem precisa de ânimo e recuperar a vontade, pois você estará fornecendo caminhos para que ele tente coisas diferentes.

• **Compartilhar responsabilidades**: note que aqui não falamos em delegar responsabilidades, pois, como mencionado antes, isso não é possível. O líder continua responsável, mesmo tendo delegado a tarefa, mas ele pode e deve compartilhar as responsabilidades. Mostrando aos liderados as responsabilidades que precisa que eles assumam, ele torna as tarefas mais importantes e críticas, exigindo que os liderados encontrem novas energias para que possam arcar com os compromissos assumidos. Muitas vezes, chamar os liderados à responsabilidade traz um choque de realidade que os tira de um estado de vítima para um estado de responsável pelo resultado.

• **Buscar envolvimento e participação**: pessoas, quando se sentem envolvidas e participantes, tornam-se mais dispostas, com maior motivação e energia, e também aumentam sua autoconfiança. Dar esse espaço para o liderado indisposto, perguntando suas opiniões, ouvindo suas recomendações e solicitando sua ajuda efetiva podem trazer grandes mudanças de atitude.

• **Resgatar a confiança**: talvez não exista frase mais difícil do que "eu confio em você". Ela traz uma enorme responsabilidade para os ombros de quem ouve. Mexe internamente com nossos brios e modifica nosso comportamento. Certa vez tivemos dificuldades com relação à estrutura de um *workshop* que estávamos criando. Tínhamos prometido seguir certa direção, mas nossa experiência nos dizia que seria importante mudar. Mudar o prometido nos deixou muito inseguros de comprometer nossa credibilidade como consultores. Fizemos então um cuidadoso e-mail ao presidente da empresa, explicando a situação e a mudança proposta. A resposta curta e grossa foi "confio em vocês, façam o melhor". Nós esperávamos por um sim ou um não. Essa resposta nos colocou um peso adicional nas costas e tenho certeza de que provocou enorme mudança em nossa disposição para fazer as alterações que propusemos funcionarem. E funcionaram muito bem... Ufa!

• **Entender os problemas de atitude**: isso é um pouco mais difícil, pois os problemas que afetam atitude são emocionais e difíceis de serem explicados. Perguntamos: "Mas por que você está desanimado assim?" A resposta em geral é: "não sei bem", "não estou tão mal assim", "vou melhorar". Se conseguíssemos, por exemplo, respostas como: "você não está me dando atenção" ou "estou me sentindo subaproveitado" ou "não estou fazendo algo de que gosto", então poderíamos agir nas causas e avançar no assunto. Mas nem sempre temos sucesso nessa área.

• **Mostrar-se disponível para ajudar**: muitos liderados encontram-se perdidos, não sabem o que fazer em suas crises e têm enorme vergonha de pedir ajuda. Pedir ajuda, em certos ambientes, é o mesmo que admitir derrota, e isso pode ser muito humilhante. Quando o líder oferece apoio é diferente e traz uma saída honrosa para muitas situações. Cabe ao líder estar próximo para utilizar essa ferramenta.

Todas essas atividades que precisam ser assumidas pelo líder estão relacionadas à falta de disposição que ocorre justamente nos níveis de evolução Q2 e Q3. Novamente, responder a essas necessidades traz um elevado esforço adicional para o líder, principalmente Q2, que une a falta de preparo com a falta de disposição. Mas esse não é um motivo para desanimar, mas sim para focar nesses casos e fazê-los evoluírem rapidamente para o estágio Q4, no qual as coisas são muito mais estáveis.

Atuando em cada quadrante

A combinação das diferentes necessidades dos diferentes níveis de evolução faz com que tenhamos de operar em 4 diferentes modos de liderança, que são mostrados a seguir.

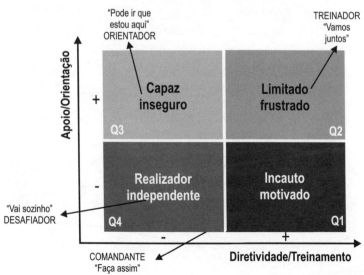

Estilos gerenciais

Estilos gerenciais

ESTILOS	1 "Faça assim" COMANDANTE	2 "Vamos juntos" TREINADOR	3 "Pode ir que estou aqui" ORIENTADOR	4 "Vai sozinho" DESAFIADOR
Definição Objetivos/ Planejamento	O líder estabelece e dirige	O líder ouve e depois estabelece direção ensinando o porquê	Objetivos mais consensuais	Definido mais pelo colaborador do que pelo líder
Acompanhamento	Próximo e justo	Dá um pouco de espaço, mas continua próximo	Definido em conjunto	Eventual quando necessário
Treinamento	Intenso Básico Passo a passo *On the job*	Ainda intenso, mas exige respostas	Não necessário	Não necessário O colaborador treina outros
Coach	*Feedback* frequente	Atuação no desânimo Elogios e encorajamento *Feedback* frequente	Resolver problemas emocionais	Não necessário O colaborador é *coach* de outros
Decisão	O líder decide	O líder pergunta, ouve e depois decide, ensinando a decidir	Definido em conjunto	Definido mais pelo colaborador do que pelo líder

Estilos gerenciais

Trabalhando no quadrante 1
INCAUTO MOTIVADO

Como é um tipo liderado no quadrante 1:
✓ Disposto
✓ Quer aprender rápido
✓ Acha que vai abafar
✓ Ansioso, cheio de adrenalina
✓ Inexperiente no assunto/tarefa
✓ Não está preparado e ainda não se dá conta disso

O que ele precisa para responder:
✓ Expectativas claras – ser específico
✓ Metas claras
✓ Planejamento detalhado – tarefa a tarefa
✓ Treinamento "on the job"
✓ Acompanhamento e controle frequentes aproveitando o máximo de sua energia
✓ Tomadas de decisão críticas

O comandante e o incauto motivado

O Q1 (incauto motivado) está despreparado, mas bastante disposto. A resposta que ele precisa em termos de liderança deve ter altas doses de diretividade e treinamento e baixas doses de apoio e suporte. A diretividade e o treinamento suprem a necessidade de seu baixo preparo e, como ele não tem problema de atitude, então não há necessidade de atuar com o suporte e o apoio. Com bom direcionamento e ensino pode-se fazer o Q1 obter um bom resultado. Portanto, o estilo **comandante** diz **"faça assim"** sem grandes preocupações de ser autoritário, pois tem diante de si um aprendiz que precisa exatamente disso. O Q1 pode ser ansioso, e até apressado, por não se dar conta de que está efetivamente despreparado.

O estilo comandante é definido por altas doses de diretividade e treinamento e baixas doses de apoio e suporte. Nessa situação o líder assume para si a definição dos objetivos e o planejamento das atividades e comunica com detalhes para o liderado. Faz um acompanhamento muito próximo de tudo, com um bom controle sobre as atividades, estabelecendo pontos de controle frequentes em rituais individuais. Ele precisa ter uma estratégia de treinamento básico para que o liderado evolua e possa assumir maiores responsabilidades. Se possível, coloque-o com a "mão na massa" para que possa sentir as dificuldades. Parte do processo de treinamento é feito com o seu aconselhamento pessoal com intensas sessões de *feedback*. Por fim, o processo decisório deve ser centralizado no líder, não havendo ainda como delegar.

Um dos cuidados que o líder precisa ter nessa etapa é quanto à linguagem a ser utilizada com o Q1. Como seu conhecimento é muito pequeno, devemos ser muito específicos quando nos comunicamos com ele. Nada é óbvio e tudo precisa ser dito e especificado. As metas precisam ser explicadas e detalhadas. O que é esperado precisa ser detalhadamente explicitado. Isso pode ser muito desgastante, principalmente quando o líder está em um nível de conhecimento muito superior ao do liderado. Essa falha pode levar a um descolamento importante entre líder e liderado.

> **Toti Loriggio** – Em certa oportunidade, eu cuidava de uma das operações gráficas da Editora Abril®. Essa operação produzia todas as capas das revistas que sempre foram impressas com muito cuidado, pois são as grandes vitrines nas bancas. Uma capa bem-feita pode vender muito mais, e sabíamos disso. Em especial a revista *Playboy*® cuja aprovação da capa em máquina era um evento à parte. Na *Playboy*® um grupo de editores diretores e outras figuras de desta-

que se deslocavam para as instalações industriais e assumiam o papel de aprovar o resultado que queriam, liberando a impressão ou exigindo ajustes. Era um momento tenso que o operador de máquina, uma pessoa simples, em geral ficava apreensivo e nervoso. Numa ocasião não foi diferente, o pessoal engravatado olhava os papéis impressos colados na parede ao lado da impressora e falava uns para os outros:

– Não está bom, não. Falta algo – e os demais concordavam.

– É mesmo, falta alguma coisa. Não sei, não – até que um deles fala, enchendo a boca.

– Está faltando *glamour*... – os demais confirmaram com entusiasmo. – Isso mesmo, falta *glamour!*

Nisso o operador de máquina ficou sem entender nada, e agoniado, pois todos sabiam o que faltava, menos ele, que era o responsável por tudo. Sem aguentar a ansiedade, ele interrompe e pergunta:

– Doutor, esse tal de *glamour* é mais magenta ou amarelo?

O operador não entende a linguagem do editor e alguém precisa ser mais específico com ele e dizer que o problema não era na impressão ou com as cores magenta ou amarela, mas na foto que usaram da modelo na capa. Embora o operador de máquina fosse um Q4 na operação e nas cores, na discussão da foto em si ele era um Q1 mesmo. Se não tomamos cuidado, nossas conversas com os Q1 falam coisas desse tipo.

Em outra ocasião, o problema foi com uma capa de *Viagem e Turismo*. O editor havia passado um mês em Bali, fotografando o famoso "azul do mar de Bali". De mais de 2.000 fotos, ele escolheu para a capa uma que representava aquele particular azul, e enviou para a produção sem nenhum comentário, além da recomendação de capricho, pois era uma edição de aniversário da revista. Com muito capricho, o impressor imprimiu uma capa que estava absolutamente dentro dos parâmetros técnicos e, para mim, uma das capas mais bonitas da revista que eu já havia visto. Na aprovação, foi um desastre. Só faltou o editor rasgar o impresso. Foi um escândalo, pois ele dizia que aquele não era o azul que ele foi buscar e que dera tanto trabalho para captar. Pois é, a foto revelada, digitalizada, retocada, havia sido reproduzida em fotolitos em 4 cores básicas. A partir dos fotolitos foram produzidas as chapas de impressão que imprimem em um papel que não é realmente branco. Tantas variáveis fazem com que o azul obtido (que já é uma cor difícil de ser trabalhada, pois pequenas variações de processo modificam muito a cor) não fosse exatamente o azul pedido. E talvez nunca fosse, pois as tolerâncias do processo não permitem tanta precisão assim. Neste caso, se a expectativa tivesse sido explicada anteriormente, talvez não se gastasse tanto esforço com a foto, pois no final aquela precisão toda seria muito difícil de ser atingida. Neste caso os editores da revista se comportaram como Q1, pois não tinham a menor ideia do que seria possível ou não no processo de impressão. Sonharam com uma cor e estavam totalmente motivados a obtê-la, mas a realidade era muito diferente. Naquele mesmo momento os editores se tornaram Q2 na nossa frente...

Quando conversamos com nossos liderados sobre o desempenho, precisamos entrar muito mais a fundo no que esperamos. Precisamos ser muito específicos quanto a isso para não corrermos o risco de nos frustrarmos. Se o que era esperado da capa fosse discutido antes, talvez tivéssemos poupado muito esforço de todos os lados.

No exemplo que usei anteriormente, o da pistola de pintura, eu era um Q1 sem um líder ao meu lado para me orientar. Defini objetivos errados e tomei decisões equivocadas que quase encerraram minha carreira de pintor de forma precoce. Naquela hora ter alguém experiente orientando e tomando decisões sobre que tipo de trabalho tentar, qual tinta usar, entre outras coisas, faria muita diferença na velocidade de aprendizado.

O caso da secretária que abordamos no início do livro (p. 17) trata claramente de uma situação de Q1: despreparada para a tarefa, mas com enorme vontade de acertar. A forma de lidar com ela não pode ser de simplesmente passar a tarefa e esperar que o ideal aconteça. O líder precisa se aproximar, dirigir e controlar o desempenho para que o resultado aconteça a contento.

O Q1 e seus rituais

Em nosso livro anterior, *Exercendo liderança*, reforçamos a importância dos rituais de acompanhamento para o exercício da liderança do dia a dia. Mencionamos que esses rituais precisam ser individuais e individualizados para que a liderança seja efetiva. Acompanhar e alinhar o Q1 é uma necessidade primordial. Sem isso, seu progresso será extremamente lento.

É no ritual que exercemos toda a diretividade necessária para este estágio. Precisamos dar direção, ou seja, dizer o que fazer, quando fazer e como fazer. Além disso, precisamos controlar as atividades para que possamos avaliar sua evolução.

Em situações normais recomendamos que a frequência de rituais com o Q1 deva ser bastante alta, chegando perto de diária.

Os rituais com Q1 devem ser frequentes e rápidos para que sejam eficientes. Em um ritual típico com o Q1, acompanhamos os trabalhos realizados e controlamos a qualidade, ensinamos a fazer o que não foi feito ou feito errado. Resolvemos os problemas com ele dos assuntos que necessitam encaminhamento. Tomamos as decisões necessárias. Elogiamos quando ele consegue acertar e mostrar que está aprendendo. Planejamos as próximas atividades com todo o detalhe possível, sempre em linguagem que ele entenda. Explicamos nossas expectativas quanto aos resultados esperados da tarefa e combinamos datas e prazos para os próximos acompanhamentos. Note que é um trabalho bastante cuidadoso e exaustivo. Se você deixar este assunto solto, sem uma agenda predefinida, dificilmente irá conseguir exercer o estilo comandante de forma plena e inteira.

O Q1 e o processo decisório

Como o Q1 está despreparado, e nem sempre se dá conta disso, ele pode acabar tomando decisões por conta própria que, via de regra, são temerárias, erradas, arriscadas e surpreendentes. Soubemos de um estagiário Q1 que certa vez ligou para o CEO da empresa para pedir uma informação. Nesse caso houve constrangimento porque era uma empresa muito formal e o Q1 se encontrava 5 níveis hierárquicos abaixo. Ele decidiu, realizou e pronto. Já está feita a lambança. Portanto, costumamos dizer que o Q1 não pode tomar decisões e precisa ser "protegido" delas. A forma de realizar isso é estar muito próximo dele, acompanhar seus passos de perto e combinar com ele para que todas as decisões sejam trazidas para você no papel de líder. O mesmo se aplica às definições de objetivos, metas e ações prioritárias no dia a dia. Tais assuntos requerem experiência, conhecimento e prática. Em resumo, requerem o preparo que o Q1 não tem.

Qual a maior dificuldade do líder no trabalho com o Q1?

Gestores que gostam muito de deixar as rédeas soltas e dar autonomia aos liderados, por acharem que é a autonomia que faz o desenvolvimento, podem ter resultados muito pobres quando se encontram com um Q1. Costumamos dizer que a maior dificuldade para um líder nesta etapa é a PACIÊNCIA. Nossa paciência é exigida ao limite, pois temos que descer ao nível do Q1 para conversar com ele na mesma linguagem, e isso requer muita paciência mesmo, coisa que nem todos possuem ou estão dispostos a ter.

É muito comum acharmos que as coisas são óbvias e acabamos não falando. Isso ocorre especialmente com o Q1, que também não sabe que não sabe. Nesse vácuo caem coisas importantes que podem causar grandes estragos.

Também exige muita paciência, pois nem sempre basta explicar uma única vez. Pessoas aprendem de forma diferente, então precisamos ensinar de muitas formas diferentes até que o Q1 entenda definitivamente.

Uma nossa amiga arquiteta certa vez contou que estava com uma Q1 estagiária, muito iniciante mesmo, nos primeiros dias de trabalho. Um cliente marcou uma reunião de urgência fora de seu escritório e ela, então, pediu que a estagiária imprimisse os desenhos do CAD em escala e levasse para a reunião, na qual se encontrariam diretamente com o cliente. Aparentemente tudo certo, mas os desenhos chegaram impressos errado e sem escala. Ao sair da fracassada reunião a arquiteta perguntou à estagiária (apenas por perguntar): "Você sabe o que é um desenho em escala?" Ela, meio envergonhada, respondeu que não. Para a arquiteta esse conhecimento era absolutamente óbvio, mas, acreditem, com Q1 não existe o óbvio e, preparem-se, pois podem acontecer erros.

Também ocorre de encontrarmos alguns Q1s que são até meio arrogantes, pois se comportam como se soubessem de tudo, mas você, como líder, sabe que eles não sabem. Isso requer novamente calma e paciência infinitas; raiva e irritação nessa hora não ajudam.

Podemos confiar o Q1 aos cuidados de um Q4 quando não tivermos o tempo necessário para acompanhá-lo em seu desenvolvimento. Abordaremos esse assunto quando falarmos do estilo correto para o Q4.

A transição do Q1 para o Q2

Muitos acham que a mudança do Q1 para o Q2 é uma piora, pois o Q2 está desmotivado e com problemas de atitude e o Q1 não. Dessa forma, seria muito bom pular a fase do Q2. Entretanto, o Q2 consolida a fase em que o liderado percebe que não está preparado e toma consciência dessa realidade. Claro que é muito bom que a pessoa esteja motivada, mas o fato de ela saber que não está preparada a coloca com o senso de urgência para entender o salto que terá que dar, sem nenhuma ilusão. Algumas pessoas passam pelo estágio Q2 sem grandes impactos em sua motivação, mas, no mínimo, entendem o senso de urgência da próxima passagem que terão de enfrentar em relação ao preparo. Costumamos dizer que, para estar no Q2, basta reconhecer o que não se sabe.

Na infância, quando aprendemos a andar de bicicleta, é comum usarmos aquelas rodinhas traseiras auxiliares; elas impedem que caiamos. Para o início do aprendizado, as rodinhas fazem sentido, pois ensinam sem colocar medo nas crianças. Mas andar com rodinhas não é andar de bicicleta no sentido mais amplo. Chega uma hora em que a criança precisa tirar as rodinhas e efetivamente sentir o que é se equilibrar e como isso pode ser difícil. Nessa hora, os tombos podem ser muito importantes e educativos.

O treinador e o limitado frustrado

Trabalhando no quadrante 2
LIMITADO FRUSTRADO

Como é um típico quadrante 2:
- ✓ Desanimado
- ✓ Distante
- ✓ Dá justificativas para tudo
- ✓ Desengajado
- ✓ Desiste fácil
- ✓ Negativo
- ✓ Esconde-se da guerra

O que ele precisa para responder:
- ✓ Encorajamento
- ✓ Aconselhamento
- ✓ Feedback
- ✓ Ser ouvido
- ✓ Apoio na resolução de problemas
- ✓ Planejamento e decisão após ser ouvido
- ✓ Mostrar o caminho
- ✓ Prestígio quando acerta
- ✓ Espaço para tentar acertar

O Q2 é um purgatório para o líder. Além de despreparado, está desanimado. Ele necessita de diretividade, treinamento, apoio e suporte. Ele precisa de tudo ao mesmo tempo. Torna-se distante, desanimado, negativo e justifica tudo. O pior é que, caso coloquemos a diretividade no mesmo formato que foi dado para o Q1, ele se frustrará ainda mais, pois vai achar o estilo desmotivante, por ser muito autoritário. O segredo é ouvir mais, mesmo sendo diretivo. Dar mais espaço sem ainda delegar totalmente. Esse balanço sutil é a essência do **estilo treinador**. E por isso é caracterizado pelo "**vamos juntos**".

Dessa forma, o **estilo treinador** é definido por altas doses de diretividade e treinamento somadas a altas doses de apoio e suporte.

Como não podemos deixar o liderado estabelecer os objetivos e o planejamento, pois ele ainda não está pronto para isso, procuramos ouvir suas sugestões e incorporá-las ao nosso planejamento. Ouvir e deixar que ele participe tornam sua disposição maior. Quando suas sugestões não podem ser aplicadas, aproveitamos a ocasião para explicar os porquês e para ensinar quais seriam os riscos se as adotássemos. O líder não pode deixar espaço demais no acompanhamento e controle, mas precisa dar um pouco mais de liberdade como daquela que foi dada para o Q1.

O Q2 e seus rituais

É importante fazer os rituais de acompanhamento frequentes, não somente para acompanhar tecnicamente a tarefa, como também a parte motivacional, problemática, nesse nível de desenvolvimento. O aconselhamento próximo com muitos elogios, reconhecimento, encorajamento e *feedback* passa a ser muito importante. O Q2 precisa ver que consegue acertar de vez em quando e precisamos reconhecer e apontar isso nos rituais individuais com ele. O treinamento ainda é muito necessário, mas a estratégia precisa evoluir, exigindo entregas reais de partes importantes, pois isso traz relevância ao trabalho e ajuda na questão motivacional. Portanto, os rituais devem ser frequentes e nem sempre curtos. Eles envolvem o ensinar, o resolver problemas, a tomada de decisão e a mudança do comportamento.

O Q2 e o processo decisório

O Q2 ainda se encontra despreparado na tarefa, então suas decisões nem sempre serão corretas e seguras. A forma de lidar com isso é manter o processo decisório ainda centralizado, mas contar sempre com a opinião do liderado sobre o que faria e o líder utilizando esses espaços para ensinar sobre o processo de tomada de decisão. A decisão continua sendo do líder, mas o liderado é ouvido e participa do processo. O mesmo ocorre com o estabelecimento de metas e objetivos e com a priorização das tarefas. Embora o Q2 não decida sobre esses assuntos, ele se sente participante e, com isso, resgatamos sua motivação.

Qual a maior dificuldade do líder no trabalho com o Q2?

Este é o quadrante de maior sacrifício necessário. O líder precisa dar diretividade e, ao mesmo tempo, apoio irrestrito. Precisa ensinar a caminhar e, ao mesmo tempo, mudar o comportamento e ajustar a atitude. A maior preocupação e dificuldade é o tempo que isso toma. Exige muita dedicação de tempo e foco para conseguir tirar o liderado do Q2 para o Q3. Nesse caso não recomendamos delegar esta tarefa para um Q4 preparado, pois ela envolve não somente a diretividade que para um Q4 seria tranquila, mas também dar apoio e modificar o comportamento exigem mais experiência, o que um Q4 dificilmente terá. Então, sempre comentamos que o Q2 é exclusivamente seu. Se tiver que escolher entre diversos liderados para o desenvolvimento em diversos estágios diferentes, escolha o Q2, porque, além de ele ainda não estar preparado, ou seja, suas entregas serem limitadas, ele se encontra desmotivado e contaminando outros com uma postura inadequada. A evolução de um Q2 para o Q3 deve produzir um impacto enorme em sua gestão. Por isso, dizemos que ele deve ser sua prioridade.

Como essa etapa é extremamente desgastante, o líder deve procurar passar por ela o mais rápido possível; isso exigirá muito foco e dedicação.

No exemplo da pistola de pintura, somente passei pela etapa Q2 porque encontrei um amigo mais experiente que me convenceu de que daria para aprender mais com um aerógrafo e usando a tinta à base de água.

E quando o Q2 não evolui?

Sempre entendemos que ele pode estar preso a este estágio por duas correntes. A primeira o aprisiona pela falta de preparo. Quando você tiver certeza de que ensinou e passou o conhecimento da melhor forma possível para o Q2 e ainda assim ele não consegue aprender, teremos de considerar uma possível falta de potencial. Nem todo mundo tem altura suficiente para jogar voleibol. O pior é que nem com muito treino uma pessoa já adulta irá crescer. Portanto, talvez seja a hora de repensar se esse esporte está adequado para mim. Ou seja, nesse momento talvez seja a hora de dispensar um Q2 que não consegue evoluir, apesar dos esforços.

A segunda corrente que amarra a evolução é o desânimo e o derrotismo que se instalam e que podem ser a raiz do problema. Temos que conversar e tentar interferir no comportamento. Isso nem sempre é simples. Às vezes precisamos chegar a confrontar a pessoa com sua atitude, mostrando as consequências desse comportamento para ela mesma. Conversas difíceis e verdadeiras são vitais nesse momento e mostrar para o liderado que o comportamento de vítima não vai melhorar a situação e que, embora difícil, a saída desse buraco depende dele. Nossa experiência mostra que boas chacoalhadas mexem com os brios da maioria das pessoas. Também reconhecemos que nem sempre conseguimos êxito nesses esforços. Muitas vezes problemas pessoais fora do trabalho podem estar interferindo nisso. Costumamos dizer que somos apenas líderes e precisamos nos limitar a esse papel. Não somos nem psicólogos nem psiquiatras para entrar muito fundo nesses assuntos. Lembre-se também de que o líder não é nem pai nem mãe do liderado e não deve se envolver emocionalmente com ele, pois poderá perder a objetividade tão necessária para a liderança. Às vezes também se torna necessária a dispensa de um Q2 por não evolução da parte comportamental.

A transição do Q2 para o Q3

A mudança acontece quando o liderado se torna minimamente preparado para a tarefa. Suas primeiras entregas de forma independente começam a aparecer. Inicialmente os Q2s até atribuem o sucesso ao acaso, a alguma sorte ou facilidade da situação. Este passa a ser um momento de vitória e alívio, tanto para o líder quanto para o liderado. Em geral, nem sempre o liderado percebe esse momento como uma virada de chave, ou seja, durmo um Q2 e acordo um Q3, pois as coisas vão acontecendo. Mas o líder deve sempre incentivar e comemorar esse momento que nem sempre será tão fácil de ser percebido pelo liderado, quando ele estará sempre um pouco inseguro quanto a isso.

O orientador e o capaz, mas inseguro

Trabalhando no quadrante 3
CAPAZ INSEGURO

Como é um típico quadrante 3:
- ✓ Preocupado com resultado
- ✓ Inseguro muitas vezes
- ✓ Já sabe a maior parte do que precisa
- ✓ Receoso de comprometer
- ✓ Não tomar riscos
- ✓ Ainda não conhece bem os limites seguros do desempenho
- ✓ Preocupado com sua credibilidade

O que ele precisa para responder:
- ✓ Que você remova alguns obstáculos
- ✓ Ser ouvido quanto às suas preocupações
- ✓ Ser encorajado a tomar riscos maiores
- ✓ Que você o apoie nas principais decisões
- ✓ Que você demonstre que confia nele e em sua competência
- ✓ Que você passe energia e inspiração
- ✓ Prestigiar o desempenho

O Q3 exige uma nova forma de ser liderado. O liderado começa a entregar efetivamente e seu preparo passa a ser suficiente. Nesse nível de desenvolvimento, torna-se importante que o líder reduza a diretividade, que era necessária quando faltava o preparo, e se concentre apenas no apoio e no suporte, uma vez que o grande problema desse quadrante é a instabilidade motivacional e a falta de segurança. O liderado está inseguro quanto à sua própria capacidade de realização e isso torna a tarefa mais difícil. Ele evita se comprometer e assumir maiores riscos. Nessa etapa é importante que a liderança se concentre no reforço da segurança do liderado. Para reforçar a segurança é importante nunca voltar atrás com a diretividade, tomando decisões pelo liderado ou fazendo as coisas que ele já sabe fazer. Embora ele possa até pedir que você ocupe esse espaço, isso deve ser evitado a todo custo, pois fará com que o liderado regrida. Reforçar a segurança não é fazer por ele, é conversar com ele e mostrar que ele é capaz. O **estilo orientador** é aquele que diz: "**pode ir que estou aqui**". É preciso que você o encoraje a tomar maiores riscos e seguir adiante.

Para assumir o **estilo orientador**, evoluindo a partir do **treinador**, é preciso reduzir substancialmente a diretividade e treinamento, mas manter o apoio e suporte altos.

O Q3 e seus rituais

Os rituais de acompanhamento precisam ir se espaçando, pois a diretividade não é mais necessária. O acompanhamento deve ser estabelecido em conjunto de maneira a não deixar sua insegurança sem nenhum cuidado. Deve-se procurar o máximo possível apenas orientar e dar suporte ao liderado. Quando a parte emocional reduzir sua velocidade, entre com um aconselhamento mais próximo. O ritual deverá ser um momento para ele tirar eventuais dúvidas e conferir se está mesmo dando conta do recado. Em geral, ele tentará lhe arrastar para o estilo treinador, pedindo que você esteja presente e conduzindo as coisas, mas, com habilidade, você precisa começar a deixar que ele mesmo resolva os assuntos.

Alguns problemas comportamentais mais difíceis podem exigir conversas mais duras e, da mesma forma que ocorre em Q2, precisamos mostrar as consequências dos comportamentos inadequados para sua própria carreira, para o líder e para a empresa. Conversas como essa precisam sempre terminar com planos de ação muito específicos para o líder e para o liderado.

Ressaltamos sempre que problemas comportamentais que envolvem os liderados precisam também do envolvimento ativo do líder para que a situação evolua. Lembre-se sempre que, para o liderado mudar, o líder também precisará mudar em algo.

O Q3 e o processo decisório

A definição de objetivos, o planejamento e o processo decisório passam então a ser consensuais, uma vez que a experiência do liderado e sua competência na tarefa já são suficientes para que ele consiga discutir o assunto e contribuir significativamente. Essa é a hora de iniciar a verdadeira delegação. Delegar nesse momento começa a fazer um efeito libertador no liderado que melhora sua autoestima e sua autoconfiança.

Entretanto, sua insegurança acaba fazendo com que ele peça para que você interceda e decida os assuntos, resolva os problemas e defina as prioridades. Esta é a verdadeira hora de ter coragem e não decidir sozinho, pedindo sua opinião, e, o máximo possível, mostrando que ele consegue dar o direcionamento correto para problemas quotidianos.

Nesse estágio gostamos sempre de lembrar quando ensinamos alguém a dirigir automóvel. O processo de ensinar a dirigir (e quem já o fez sabe disso) é bastante desgastante. Em geral, o aprendiz passa de Q1 para Q2 muito rapidamente e entramos como instrutores instintivamente com o estilo treinador que descrevemos anteriormente, ou seja, "vamos juntos", pise na embreagem, engate a marcha, vá tirando o pé devagar. Note que são instruções detalhadas e específicas com muita diretividade e acompanhamento muito próximo, a ponto de tomarmos o volante ou puxarmos o freio de mão se for necessário. Não deixamos que o aprendiz tome decisões, pois estamos ao seu lado dizendo o que fazer a todo instante. As mesmas instruções vão se repetindo e, a qualquer momento, o aprendiz já está conduzindo o automóvel com alguma destreza. Sem percebermos que ele mudou do Q2 para o Q3, continuamos a dar instruções e controlar tudo. Nessa hora, ele se torna inseguro e desmotivado e os conflitos começam. É preciso parar de falar. Mesmo que passemos alguns sustos, precisamos nos segurar para não dar mais diretividade e nos concentrarmos em reforçar a segurança e o apoio. Com nosso liderado na empresa ocorre o mesmo efeito. Acostumamo-nos com o estilo treinador e não mudamos para o estilo orientador quando ele atinge o Q3. Dessa forma, atrasamos o seu desenvolvimento.

Qual a maior dificuldade do líder no trabalho com o Q3?

A maior dificuldade para o líder nesta hora é a coragem para soltar o Q3 e lhe dar autonomia. Muitos acham temerário deixar uma pessoa que ainda está instável em sua atitude, quer seja por causa da sua motivação, quer pela insegurança, voar por conta própria. Este medo faz com que não reduzamos a diretividade e neste momento passamos a microgerenciar nossos liderados. A seguir comentaremos mais profundamente este problema ainda tão presente na relação líder-liderado.

A transição do Q3 para o Q4

A transição para o Q4 é das mais suaves. Em geral, os problemas comportamentais vão se resolvendo lentamente e, quando percebemos, estamos com um liderado preparado e disposto, ou seja, um Q4. Um dos erros que ocorrem nesta transição é que rotulamos nossos liderados com os problemas comportamentais da fase Q2 e Q3 e, ao invés de dizermos que nosso liderado está inseguro, dizemos que ele "é" inseguro e não percebemos mais a sua evolução na segurança. Temos visto muitas vezes a relutância dos líderes em reconhecerem que têm verdadeiros Q4s em suas equipes. O efeito disso é uma evidente enorme frustração para os liderados.

O desafiador e o realizador independente

Trabalhando no quadrante 4
REALIZADOR INDEPENDENTE

Como é um típico quadrante 4:
✓ Consistente
✓ Proativo
✓ Autoconfiante
✓ Proficiente
✓ Habilidoso
✓ Pronto para ensinar e treinar outros
✓ Assume riscos
✓ Possui alta credibilidade pessoal

O que ele precisa para responder:
✓ Espaço para empreender
✓ Oportunidades e desafios
✓ Ser notado pela organização

O Q4 é o sonho de todo gestor: uma pessoa preparada e disposta. É a que mais nos ajuda e ajuda a empresa. Pena que nem sempre seja possível contar com 100% das pessoas nesse nível de desenvolvimento para todas as tarefas. O liderado possui a competência necessária e está absolutamente disposto e confiante quanto a sua própria capacidade. Assume responsabilidades e riscos e está disposto a aceitar maiores desafios. Nessa etapa, o líder precisa ir reduzindo o apoio e o suporte, necessários na etapa anterior, e adotar uma posição mais distante, deixando o liderado ocupar todo o espaço disponível. O **estilo desafiador** é também conhecido pela frase "**vai sozinho**".

No **estilo desafiador** é a hora de reduzir também o apoio e suporte e se distanciar um pouco.

O Q4 e seus rituais

O acompanhamento através de rituais individuais passa a ser eventual apenas para garantir a comunicação e o alinhamento. Utilizamos os rituais para envolver o Q4 nas definições da área, para pedir sua opinião sobre assuntos mais estratégicos, para dividir com ele problemas maiores em que o líder pode estar sendo pressionado, ou seja, usamos o ritual para nos apoiar na gestão da área. Para ele isso é um estímulo, e assim também o estaremos preparando como um sucessor competente. Ele não necessita mais de treinamento e *coach* e passa a ser sua opção para treinar e orientar outros liderados que estejam em estágios anteriores de desenvolvimento.

O Q4 e o processo decisório

A descentralização é praticamente total, com o liderado assumindo o papel de definição de objetivos, planejamento, tomada de decisão e priorização de atividades. O líder precisa apenas ser informado desses direcionamentos. Nessa etapa podem ocorrer momentos em que o liderado toma decisões diferentes daquelas que você estaria tomando, e isso pode incomodar muito alguns gestores. Costumamos recomendar que, desde que o risco assumido com a decisão do liderado não ultrapasse os limites razoáveis, você aposte no Q4 e o cobre não pelo caminho adotado, mas pelo resultado que ele obterá. Em geral veremos que existem soluções diferentes daquelas que adotaríamos e que vale a pena apostar numa pessoa preparada e disposta.

Cuidado com a queda

Para garantir que o Q4 não recaia é necessário que ele esteja sempre sendo desafiado e talvez esse seja o papel mais difícil para o líder nessa etapa. Não é simples manter uma pessoa desenvolvida com desafios constantes. Criatividade e alguma dedicação são necessárias, mas essas atividades são mais recompensadoras e menos pesadas do que as que envolvem os demais níveis.

Conforme mencionamos anteriormente, um bom desafio para o Q4 é ser colocado como responsável por um Q1. É um desafio motivador para o Q4, e uma ajuda para o líder, que nem sempre dispõe do tempo necessário para o Q1.

Outro ponto que ajuda a manter um Q4 em sua posição é dar-lhe visibilidade. Ser notado na organização é algo importante para quem se esforçou tanto para chegar nessa posição, e você como líder pode ajudar muito com isso.

Um Q4 pode regredir para o estágio Q3 quando ele recua em sua disposição e atitude. Nessa hora o líder precisa perceber e voltar a atuar com apoio e suporte, recuperando emocionalmente o liderado.

Em uma grande empresa, que possuía negócios no Brasil, na Argentina e no Chile, um jovem executivo vinha fazendo uma carreira impecável. Entrou como *trainee* e, em pouco tempo, estava assumindo um cargo de coordenador que, com bastante êxito, o conduziu a gerente e emendou em uma oportunidade de assumir um posto de comando na Argentina, onde ficou por 2 anos, assumindo o cargo de superintendente. Com um encolhimento dos negócios da empresa, a frente na Argentina foi fechada e nosso executivo voltou muito prestigiado e ainda no cargo de superintendente. No Brasil havia uma infinidade de problemas e desafios. Ele foi colocado à frente de muitos deles e sempre produziu ótimos resultados. Passados mais 2 anos, ainda no mesmo cargo, ele começou a reclamar pelos corredores e a se mostrar infeliz e desmotivado. Não escondia que se sentia pronto para assumir uma diretoria e que a situação era injusta para com ele. O encolhimento da empresa tornou os espaços de promoção menores e a disputa para o cargo de diretor era impossível no momento. Sua postura começou a ficar arrogante: falava abertamente que se achava com melhor preparo do que seu próprio chefe e, em muitas oportunidades, o criticava. Nesse momento um Q4 se tornou um Q3. Seu chefe, sem muita habilidade, conversou com ele sobre a falta de oportunidade no momento e que ele precisava ter calma que a oportunidade viria. Mas parece que a conversa foi fraca e não teve o efeito desejado. Estávamos em consultoria nesta empresa e o RH solicitou que conversássemos com ele para tentar resgatar esse Q3. Nossa conversa foi muito forte e específica, mostrando qual a consequência que suas atitudes levariam para a sua própria carreira. Comentamos que ele estava com uma atitude reivindicatória semelhante à de um líder sindical se posicionando contra a empresa. Ninguém vai promover alguém com tal postura, comentamos. O baque foi grande, mas adiantou. Esta pessoa é hoje um reconhecido diretor da empresa e se sente muito satisfeito com o desfecho da história.

Qual a maior dificuldade do líder no trabalho com o Q4?

A maior dificuldade de um líder é se desapegar do Q4, pois com certeza ele deverá ser indicado para outros desafios. O dever do líder não é segurá-lo na área, mas prepará-lo para esses outros desafios. **O trabalho de um líder não é ter Q4s, mas trazer o máximo de pessoas a este estágio.**

Alguns erros no uso dos estilos

Todos os gestores se utilizam de alguma dose de diretividade, treinamento, suporte e apoio em seu dia a dia. O problema é que o fazem de forma meio instintiva, sem uso das ferramentas adequadas, e isso acaba provocando erros importantes. Por outro lado, ao acertarmos o uso adequado do estilo e efetivamente nos ajustarmos às necessidades de cada liderado, aproximamo-nos dos liderados criando vínculos que aceleram o seu desempenho.

Três principais erros ocorrem mais frequentemente:

- microgestão;
- distanciamento;
- superproteção.

Microgestão

A microgestão ocorre quando o líder se aproxima demais do liderado, controlando tudo e deixando-o em uma situação sufocante. Ocorre principalmente em Q3 e Q4, quando o nível de preparo do liderado já é, ao menos, suficiente e não precisa de um líder muito perto, dizendo o que e quando fazer. A microgestão está ligada ao fato de a diretividade estar presente em excesso, ou seja, um líder dizendo o que fazer e controlando um liderado que não precisa disso, por estar em um nível de preparo superior. Isso normalmente ocorre quando o estilo de conforto da pessoa inclui altas doses de diretividade, quer seja porque ela acredita que a diretividade é necessária, quer seja porque sua personalidade exerce naturalmente a diretividade, mesmo sem se dar conta. Outra explicação usual para a microgestão é quando líder e liderado não concordam quanto ao preparo necessário para lidar com a tarefa. Se o líder considera o liderado meio despreparado e o liderado se considera pronto, teremos problemas quanto à necessidade ou não de diretividade na gestão.

Vale sempre lembrar que, quando falamos de estágios Q1 e Q2, a eventual microgestão não é um erro, mas um acerto, pois ela é necessária, uma vez que, nesses quadrantes, a diretividade é essencial para que a pessoa evolua. Costumamos dizer que nesses estágios a microgestão não é "micro", mas a gestão normal. Já nos estágios Q3 e Q4 a microgestão é muito problemática.

Em uma empresa ouvimos um diretor de recursos humanos reclamar que o CEO o estava microgerindo e que o estava incomodando demais. Pedimos alguns exemplos e ele se referiu às políticas de RH que havia proposto e que o CEO tomou o texto nas mãos e o reescreveu várias vezes, ajustando sua redação, mas não alterando a sua essência. Ao discutirmos com o CEO o delicado assunto, ele nos relatou o seu ponto de vista. Ele falou que, ao ler a primeira política proposta e ver que tinha erros grosseiros de português, notou que não poderia confiar e deixar passar sem revisão. Sob a ótica do CEO existe um despreparo do diretor de RH nessa questão, o que o deixa inseguro. Na verdade, o despreparo está na equipe do diretor de RH que prepara e redige as políticas com erros de português e um distanciamento excessivo do diretor de RH na revisão, que não poderia existir. Como resolver? O CEO precisa discutir sua falta de confiança nos textos produzidos e mostrar o problema ao invés de corrigi-lo. Também pode orientar o diretor de RH a aumentar a diretividade com sua equipe para não deixar passar textos mal escritos, uma vez que o presidente da empresa não pode perder tempo com revisões de português.

Relembrando o triturador de pessoas

Mencionamos esse fenômeno em nosso livro anterior, *Exercendo liderança*, mas precisamos voltar ao assunto, que está intimamente ligado ao problema do excesso de diretividade e da microgestão. Com a redução dos níveis hierárquicos em seus quadros, as organizações podem causar um efeito maléfico em seus melhores gestores. É o que denominamos de triturador de pessoas. A empresa utiliza os seus melhores profissionais para resolver problemas complexos ou os coloca para participar na maioria das atividades de resolução de problemas.

O triturador de pessoas, como mostra a figura a seguir, é uma máquina com duas lâminas que trabalham em sincronia. Uma das lâminas simboliza a quantidade de trabalho e a outra, a qualidade da gestão. Se observar a figura de forma mais detalhada verá pingos que escorrem em direção à cuba. Os pingos do processo representam o sangue e o suor resultantes da trituração do talento do gestor, que está totalmente desgastado entre as lâminas.

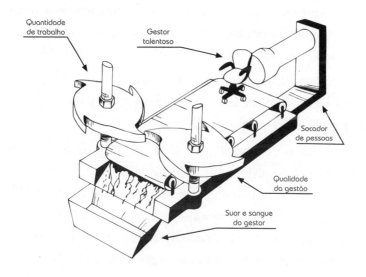

O processo de trituração funciona da seguinte forma: a empresa passa mais trabalho para os profissionais mais talentosos que vão recebendo cada vez mais trabalho. Funciona como uma reação em cadeia. A lâmina do triturador de quantidade vai girando cada vez mais rápido, mais rápido... e a jornada de trabalho vai aumentando, aumentando, até atingir 24 horas por dia. E o gestor, agora sobrecarregado, não tem mais tempo para estar junto aos pares ou à chefia. Não tem mais tempo para se preparar para reuniões. Ele vai para a reunião e nem leu o relatório básico. Enquanto os demais participantes discutem e dão ideias, ele apenas comenta: "Eu também concordo que a solução é por aí". A própria chefia e os pares notam que ele não soma nem contribui como antes e a sua credibilidade começa a cair, a cair...

Ele se dedica menos à equipe e acaba criando uma delegação de baixo para cima, em que a equipe exerce a pressão em busca de orientações e soluções. Esse é o mecanismo denominado socador de pessoas, que, na figura, empurra o gestor em direção às lâminas.

E, quando a credibilidade do gestor começa a cair, ele começa a ser deixado de lado e, com o tempo, acaba sendo colocado para fora da empresa.

O excesso de trabalho vindo de cima coloca o gestor na obrigação de resolver os problemas, de tomar as decisões, de acompanhar de perto tudo o que ocorre e o que ele delega são as microatividades burocráticas e rotineiras que ele sabe que sua equipe consegue realizar. Com isso ele exagera na diretividade e se coloca em uma armadilha cujo final é previsível.

Quando o triturador de pessoas está ligado, todos perdem: a empresa, o líder e os liderados. Por mais bem-intencionados que estejam, todos perdem: a empresa no desempenho; o líder, em sua carreira e em qualidade de vida; e os liderados, em seu desenvolvimento.

"Eu sou a solução do problema"

Conforme falamos, o excesso de diretividade pode estar associado à própria personalidade do líder. Há gestores que administram utilizando o lado heroico de sua personalidade. Costumamos chamar esse tipo de "Zorro". O Zorro surge quando há algum problema na cidade. Aparece do nada, puxa a espada e derrota os bandidos, enquanto os cidadãos assistem ao embate, com segurança e proteção. Eles nada fazem, ficam olhando de perto, pegam algum objeto ou mandam as crianças para casa. O Zorro nunca matou um bandido. Depois que ele o domina, faz a sua famosa marca do "Z" com a ponta da espada, sobe em seu cavalo e desaparece. A base fundamental da atuação do Zorro é resolver problemas. Essa é a razão de sua existência.

O mesmo ocorre com o gestor-herói. A sua atuação é complementada pela equipe que cuida da rotina, longe dos riscos. Tanto o gestor quanto a equipe creem que o chefe seja a solução dos problemas. Normalmente, o funcionário consulta o chefe, mesmo que saiba como solucionar o problema. Muitas vezes, o gestor nem sabe exatamente como resolver o problema, mas orienta o funcionário, pois como gestor-herói deve resolver tudo. Ele não pede ao funcionário uma avaliação da situação, que também não se sente obrigado a expressar a sua opinião. Se a orientação do gestor não funcionar, o funcionário volta a procurar o gestor-heroico ou homem-solução.

O gestor que quer resolver sozinho todos os problemas acaba por não amadurecer a equipe, ou seja, os liderados nunca chegam a Q4.

A equipe respeita o Zorro pelo heroísmo e sente-se tranquila e protegida, mas imatura e despreparada. Quando se dá conta disso, há também um sentimento de frustração.

Outro aspecto importante a ser considerado é também o lado centralizador do gestor-herói. Ao surgirem os *problemas*, a equipe chama o Zorro para resolvê-los porque acredita que este é o seu papel. Essa forma de gerenciamento estimula o lado herói e promove a delegação de baixo para cima, ou seja, é a equipe que delega os problemas ao gestor que fica sem tempo para exercer o seu real papel. Assim não se esqueça do socador do triturador de pessoas!

Outro comportamento típico do Zorro é, em reuniões de planejamento, comentar: "Não fiz nada hoje. Fiquei o dia todo em planejamento". Ele se sente produtivo quando está em plena atividade diretiva, resolvendo um sem-número de casos de curto prazo e tomando decisões urgentes, tal qual o Zorro expulsando os bandidos da cidade. O Zorro gosta de ser avaliado pela quantidade de casos resolvidos, embora muitas vezes lamente o desgaste sofrido. No entanto, é mais prazeroso estar cansado de resolver problemas do que ficar em reuniões de planejamento e de projetos de inovação, ou mesmo alinhando sua equipe e desenvolvendo-a.

E ser um herói tem também as suas vantagens: sente-se importante, poderoso, o que faz muito bem ao ego. A empresa o avalia como alguém essencial e lhe proporciona estabilidade e um bom salário. Bem, isso era verdadeiro principalmente até alguns anos atrás. Hoje, quanto mais Zorro você for, menos você liquidará com os problemas. O Zorro nunca liquida com bandidos, ele apenas os afugenta!

Atualmente, os novos desafios fazem com que esse comportamento gerencial seja inaceitável. É impossível ao gestor saber tudo. O que o gestor deve fazer é gerenciar pessoas e tirar delas o melhor que cada uma possa proporcionar. Para isso é necessário identificar claramente o estágio em que se encontram e entender o quanto realmente necessitam de diretividade. Se usarmos o potencial da equipe, ou seja, seu preparo para enfrentar as situações, estaremos abrindo tempo precioso de nossas agendas e conseguindo muito mais resultados. Com isso nossa equipe estará crescendo e será mais motivada por poder utilizar seu pleno potencial. Assim, ela poderá identificar e diagnosticar os problemas e apresentar alternativas para a sua solução. Abandone já a máscara do Zorro e faça a sua equipe crescer e mostrar toda a sua capacidade com resultados além das expectativas!

Distanciamento

Outro problema é quando existe o oposto da microgestão, ou seja, a falta de diretividade quando ela é necessária. Se um liderado está despreparado nos quadrantes 1 e 2 e o gestor delega e concede ampla autonomia, teremos problemas de distanciamento. O pior é que, quando isso ocorre, o liderado se sente perdido e sem abertura para pedir apoio do gestor, pois, sob a falsa autonomia, o gestor parecerá democrático e liberal, quando, na verdade, será ausente. Também consideramos distanciamento quando o gestor deixa de exercer o apoio e o suporte necessários. Em geral, o líder considera que o liderado precisa resolver ele próprio as suas questões emocionais, e com isso se afasta. Pode ocorrer nos quadrantes 2 e 3. Nem sempre o liderado consegue resolver ele próprio, principalmente quando parte do problema pode ser o próprio líder e a sua forma de agir. Portanto, qualquer dos casos de distanciamento tem potencial para causar enorme impacto no engajamento dos liderados.

O caso do sucesso anterior

Artur está desanimado. Sente-se frustrado e um tanto incompetente. Os últimos dias de trabalho foram extremamente desgastantes para ele. Seu humor também foi afetado negativamente e ele encontra-se irritadiço e inconstante. Em conversa com Joana, sua esposa, confessou que estava pensando em sair da empresa. Joana acabara de receber uma proposta profissional para mudar de cidade. A proposta não a entusiasmara muito, pois significava, na ponta do lápis, após todos os prós e contras um pequeno ganho financeiro e nenhuma diferença em termos de crescimento profissional. Estava na verdade descartando a proposta quando Artur a ressuscita e fala seriamente em aceitar e ir com ela tentar a sorte na nova cidade. Conversam a fundo e verificam que Artur está passando por um problema bastante grave no trabalho, mas que não parece insolúvel. Joana, que tem o mesmo nível gerencial de Artur, embora em outra empresa, passa exatamente por uma fase oposta, em que está tudo correndo às mil maravilhas. Joana é uma pessoa extremamente perspicaz e ambos se dedicam a tentar criar um plano de ação que tire Artur da situação vivida.

Começam revendo a carreira de Artur na empresa de varejo em moda em que trabalha. Começou como *trainee* selecionado como um dos melhores entre os 3.000 candidatos. Seu foco inicial como *trainee* foi a área de compras. Terminado o período de treinamento, assumiu uma das gerências de compras, mas tinha também outras oportunidades em *marketing* e operações, devido a seu destaque no período de treinamento. Formado em uma das melhores escolas, Artur teve grande sucesso nos projetos em que participou nesse período, o que ampliou sua credibilidade e visibilidade na empresa.

A gerência que assumiu era composta de pessoas antigas de casa, maduras, muito competentes e experientes. Seu desafio era ganhar credibilidade com o grupo, sendo significativamente mais novo que todos eles. Para sua surpresa, a senioridade do time ia muito além da competência técnica. O grupo que era muito unido tinha um perfil bastante humilde para reconhecer que Artur tinha preparo para liderá-lo e fez um esforço importante para reforçar sua confiança no cargo. A química não poderia ser melhor. Artur colocou-se também à disposição do grupo e percebeu que poderia e deveria confiar no time. Ao invés de controlar de perto cada uma das atividades, procurava dar muito espaço para que cada um pudesse dar o melhor de si e procurava abrir espaços na organização para que seus diretos pudessem atuar.

Os resultados dessa área foram surpreendentes até mesmo para os mais otimistas. Durante os dois anos que essa equipe esteve unida, Artur foi avaliado com desempenho superior e colocado como *key people* da organização. O seu sucesso foi recompensado com uma proposta de promoção. Na nova área, ligada à gestão dos fornecedores, ele seria um gestor de outros três gerentes. Era uma área que não existia anteriormente na organização e que teria dois diferentes papéis: um operacional de fazer *follow-up* dos fornecedores e um estratégico de avaliar os fornecedores-chave e, em conjunto com eles, desenhar planos de desenvolvimento, visando reforçar as parcerias de fornecimento. A ideia era fantástica e revolucionária.

Artur ficou extremamente entusiasmado, tanto pela promoção quanto pelo desafio que se colocava à sua frente. Sem pestanejar, assumiu o novo posto com uma equipe que já havia sido escolhida pelo seu diretor. A equipe era composta por 3 jovens gerentes recém-promovidos e que nunca haviam liderado pessoas anteriormente e um grupo de analistas já antigos de casa, vindos de diversas áreas.

Cada gerente cuidava de um grupo de 3 a 5 analistas que dividiam por segmento os fornecedores a serem acompanhados. A proposta é que os gerentes fizessem a parte mais estratégica, enquanto os analistas cuidassem do operacional.

Em poucos meses, Artur pôde notar que os gerentes, além de não conseguirem cuidar da parte estratégica e mergulharem na parte operacional, não possuíam ascendência sobre seus liderados.

Por outro lado, Artur considerava que não poderia interferir demais no trabalho deles, uma vez que esse era um espaço que eles deveriam conquistar. A forma de gestão que Artur aplicara na equipe anterior estava sendo reaplicada na nova equipe. Artur achava um grande absurdo que seus gerentes não conseguissem realizar o que haviam combinado.

Uma pesquisa de clima realizada na empresa apontou que a área de Artur estava entre as 3 piores da empresa. Foi um tremendo choque para ele, que estava acostumado a despontar entre um dos melhores climas, sendo apontado uma vez como o melhor clima da empresa. A análise detalhada dos dados da pesquisa apontava claramente para um problema de liderança.

Suas tentativas de conversas tanto individuais como em grupo com os gestores e analistas mostravam que eles estavam atolados no dia a dia. Os problemas operacionais eram muitos e, segundo os gestores, exigiam a participação intensiva de todos na equipe, incluindo eles mesmos. A não resolução dos problemas implicaria em perdas financeiras para a empresa.

Márcio, o diretor da área, não era uma pessoa muito exigente. Ele percebeu que a parte estratégica não estava andando, mas como a operação estava correndo bem resolveu deixar a situação andar um pouco mais.

Isso tornou a posição de Artur ainda mais confusa. Ele sabia que não estava fazendo um bom trabalho, mas a empresa parecia não ligar. Mas ele próprio ligava... e muito.

Joana então perguntou sobre o perfil dos gestores. Artur falou de Vinícius, que era a pessoa em quem mais confiava. Vinícius era brilhante em termos de inteligência, criava ferramentas de trabalho para os analistas usando planilhas Excel com grande destreza. Joana perguntou então sobre as habilidades de liderança de Vinícius. Artur, com certa relutância, admitiu que ele não sabia liderar pessoas e que nunca havia feito algum curso sobre o assunto. O distanciamento da equipe de Vinícius o incomodava muito e sua motivação andava realmente em baixa. Quanto à Márcia, a outra gestora, a situação era diferente. Ela parecia completamente perdida. Segundo Artur, ela não sabia liderar e não parecia se destacar na parte técnica. Na verdade, ele dizia não saber o que ela fazia o dia todo. Sua equipe nem a considerava como chefe. Artur já havia tido duas conversas sérias com ela e na última havia dado um ultimato. Joana perguntou se ele havia orientado Márcia sobre como superar a situação. Artur, irritado, respondeu que isso era um problema dela e que ela é que precisava buscar a solução. Joana indagou sobre o quão receptiva Márcia estava e como parecia sua vontade de melhorar. Artur, com certo constrangimento, confessou que Márcia demonstrara uma atitude bastante positiva e de compromisso com ele e a empresa, muito embora ela assumisse que tudo o que havia tentado com a equipe havia falhado. O terceiro gestor era o Paulo, que fora contratado do mercado e que era o que mais estava próximo do que ele havia desenhado para a área. A equipe de Paulo o respeitava e ele demonstrava que conhecia, pelo menos instintivamente, os princípios de liderança.

Joana perguntou ainda qual era a posição dos analistas. Segundo Artur, eles se diziam desistindo de atuar em equipe. Para eles os gestores estavam muito distantes e pouco ajudavam. Um deles, mais transparente, falou: "Eu estou tocando a minha vidinha aqui e cuidando dos meus problemas".

Joana percebeu que claramente havia um problema de engajamento causado pela replicação de um estilo de sucesso em um contexto diferente. E que o problema começava pelo próprio Artur, que não estava preparado para exercer aquela tarefa.

Analisando o distanciamento de Artur

Artur tinha por temperamento e experiência uma tendência a utilizar um estilo desafiador, que é bastante adequado para Q4, o qual estava bastante aderente à situação de sua primeira equipe resultando em um sucesso estrondoso. Quando ele foi promovido, sua nova equipe encontrava-se em diferentes quadrantes e nenhum dos liderados em Q4. Ao utilizar o estilo desafiador novamente, ele se tornou distante. Um acerto em uma equipe em determinada situação pode ser um grande erro em outra. A equipe sente-se perdida e sem o seu apoio. O colapso é eminente e Artur precisa logo entender que o problema é seu e não da equipe que está despreparada.

Artur necessita ajustar seu estilo a cada um dos liderados e não replicar seu estilo anterior que foi um sucesso, sim, mas no contexto anterior. Márcia que está em Q1, pois está despreparada e disposta, necessita de diretividade e treinamento. Artur precisa se aproximar dela e ensiná-la a liderar. Passo a passo... dirigindo e controlando como um verdadeiro comandante, que é o estilo adequado a este nível. Vinícius, que era um técnico muito bom e passou a ser um chefe ruim, está em Q2 como líder, pois está despreparado e pouco disposto. Aqui, Artur precisa atuar não só com diretividade e treinamento, como também com apoio e suporte, entendendo o desânimo de Vinícius e formas para contorná-lo. Aplicar o estilo treinador com o Vinícius é a única forma de ajudá-lo. Já Paulo é um Q3, está apenas um pouco inseguro e precisa de um pouco de apoio e suporte e, com um empurrão, se torna rapidamente um Q4. O estilo orientador é a solução para o Paulo. Claro que tratar os liderados dessa forma vai incomodar Artur e muito, principalmente porque, nenhum dos estilos a serem aplicados é o seu estilo de conforto (desafiador). Incômodo ou não, esse é seu novo papel. Aqui, no caso, podemos também perceber outro erro por distanciamento, que é do chefe do Artur em relação a ele. O próprio Artur como líder de líderes está em um estágio Q2, pois está sem preparo como líder e desanimado com o resultado e necessitaria de uma maior proximidade de seu chefe para orientá-lo. Seu líder, um importante diretor da organização, não se vê com a obrigação de "descer" para ajudá-lo e nada faz nessa hora. A Joana, sua mulher, é que está fazendo um pouco esse papel.

O caso é real, com nomes e contexto modificados para não comprometer os envolvidos, mas situações como essa são muito comuns e são reproduzidas todos os dias por falta de uso da ferramenta do estilo correto para cada pessoa.

Superproteção

A superproteção ocorre quando o gestor atua com excesso de apoio e suporte em quadrantes em que isso não é necessário. Estamos falando principalmente de Q1 e Q4. A superproteção procura isolar o liderado de riscos, e com isso, impede o próprio desenvolvimento do liderado. Com receio de desmotivá-lo, o líder assume tudo para si e cria uma blindagem com sua equipe, evitando que ela sofra com os ataques externos. Isso infantiliza o liderado e não o prepara para evoluir em seu ciclo.

Fazendo o planejamento um a um

A evolução das pessoas na equipe é muito dinâmica e você pode se preparar melhor para isso com certo planejamento e acompanhamento de cada liderado. A seguir, mostramos um formulário que pode ser utilizado para realizar o planejamento e o acompanhamento.

Importante notar que cada formulário se refere a uma combinação liderado/tarefa/projeto. Isso implica que liderados envolvidos em diferentes atribuições podem estar em diferentes níveis de evolução. Cabe a você se preparar para liderá-los.

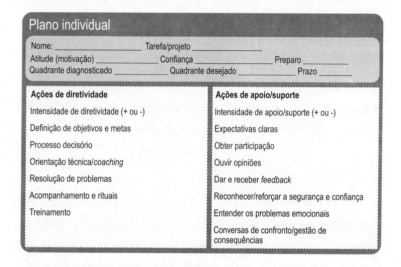

Como utilizar o formulário

O formulário serve como um *check list* para que você não se esqueça de coisas importantes ao se planejar para liderar.

Passo 1: encontrando o quadrante

Lembre-se sempre de que o quadrante se refere a uma pessoa realizando uma tarefa, atividade, processo ou projeto. Então deveremos ter um formulário diferente para as principais tarefas associadas aos seus liderados. Além de identificar a pessoa e a tarefa, precisamos saber como está a atitude e o preparo dessa pessoa ao realizar esta tarefa. Para facilitar a análise da atitude, separamos em dois campos: um para a motivação e outro para a confiança, pois ambas representam possíveis problemas de atitude. Tanto os campos de atitude quanto os de preparo precisam ser preenchidos com "alto" ou "baixo". Evite escrever "médio", pois irá dificultar a identificação do quadrante. Procure sempre discernir se essas variáveis estão "ok", ou seja, "alto" ou "não ok", ou seja, "baixo". Com essas definições estamos prontos para determinar o quadrante. Siga o seguinte fluxo:

Se motivação **ou** confiança são baixos, só pode ser Q2 ou Q3. Se o preparo é baixo, **Q2**; se é alto, **Q3**.

Se motivação **e** confiança são altos, só pode ser Q1 ou Q4. Se o preparo é baixo, **Q1**; se é alto, **Q4**.

Em seguida, preencha o quadrante desejado para a evolução seguinte, ou seja, se está em Q1, preencha com Q2; se em Q2, preencha com Q3 e assim sucessivamente. O outro campo (prazo) é uma estimativa de quanto tempo esta evolução levará. As mudanças podem levar tempos muito diferentes, dependendo do liderado envolvido e da tarefa. Frequentemente as mudanças mais demoradas são de Q2 para Q3 e de Q3 para Q4. Cuidado para não ficar muito tempo na mudança do Q2 para Q3, pois é onde está o maior desgaste para ambos os lados. O passo 2 evitará que esse sofrimento se prolongue.

Passo 2: planejando as ações de diretividade e apoio

Se Q1, você deve preencher principalmente o lado esquerdo (ações de diretividade) do formulário.

Se Q2, você deve preencher ambos os lados (diretividade e apoio) do formulário.

Se Q3, você deve preencher principalmente o lado direito (apoio) do formulário.

Se Q4, provavelmente você nem precise do formulário.

Ações de diretividade

Intensidade – Aqui precisamos entender o quanto o preparo do liderado precisa evoluir. A sugestão é que você preencha com "alta", "média" ou "baixa" para dosar a intensidade do remédio de diretividade que vamos administrar.

Objetivos e metas – Liderados com baixo preparo necessitam de direção, e isso se faz definindo-se objetivos e metas. Neste campo precisamos anotar quais objetivos e metas precisam ser estabelecidos para que a direção correta seja dada para o liderado. Por exemplo: datas de início e término das atividades, indicadores a serem usados e valores a serem atingidos, lucro a ser obtido, velocidade a ser adotada etc.

Processo decisório – Novamente voltamos ao ponto em que liderados com baixo preparo não devem tomar decisões sozinhos. Aqui precisamos antecipar as decisões que ele deverá enfrentar ao realizar a tarefa e, com isso, dar-lhe o direcionamento dessas decisões. Neste campo, portanto, precisamos registrar as decisões que teremos de tomar em conjunto com o liderado. Por exemplo: escolhas de recursos técnicos a serem utilizadas, escolhas de pessoas, escolhas de caminhos a serem seguidos etc.

Orientação técnica/coaching – A falta de preparo dos liderados é muito sentida em dificuldades técnicas enfrentadas no dia a dia. Neste campo necessitamos indicar as possíveis carências técnicas que os liderados poderão enfrentar e que tipo de cobertura lhe podemos dar nessas dúvidas. Por exemplo: orientar em como fazer a segmentação dos clientes, orientar em como definir os campos do banco de dados, orientar em como desmontar as peças sem estragar nada etc.

Resolução de problemas – Baixa experiência e despreparo levam a dificuldades maiores na resolução de problemas. Aqui precisamos registrar os eventuais problemas que o liderado tem enfrentado ou enfrentará ao longo da tarefa e planejar como podemos ajudá-lo a ultrapassar essas barreiras. Por exemplo: ajudar a resolver os gargalos de produção, planejando-os com mais detalhe; resolver os atrasos de entrega, aumentando os recursos usando horas extras etc.

Acompanhamento e rituais – Uma parte da diretividade necessária que atua em situações de menor preparo está em controlar de perto as ações do liderado, quer seja para evitar que ações erradas aconteçam, quer seja para que estejamos próximos para orientar e corrigir, gerando aprendizado mais rápido e eficaz. Quanto maior o despreparo maior deverá ser a frequência e duração dos acompanhamentos. Portanto, precisamos definir um conjunto de rituais que possibilite o acompanhamento, controle e orientação das atividades do liderado de forma a fazê-lo rapidamente mudar de quadrante. Por exemplo: todas as segundas, quartas e sextas-feiras, das 17h às 17:30h.

Treinamento – O preparo normalmente precisa de treinamento e capacitação para que evolua. Todos os itens anteriores, de certa forma, são formas de treinamento e capacitação, mas aqui teremos que registrar se não existe um curso de ação de treinamento mais formal que faça com que possamos acelerar o avanço do liderado em direção ao próximo quadrante. Por exemplo: curso de Excel, curso de programação, treinamento "mão na massa" de atendimento ao cliente etc.

Ações de apoio/suporte

Intensidade – Quanto pior a atitude do liderado, mais intensas terão de ser as ações de apoio. Aqui devemos preencher com intensidade "alta", "média" ou "baixa".

Expectativas claras – Deixar claro o que se espera das pessoas e das tarefas quando prontas sempre reforça a relação de confiança e afeta o engajamento dos envolvidos. Aqui precisamos registrar e deixar mais claro o que esperamos do liderado e como podemos fazer isso. Por exemplo: deixar mais claro que esse projeto é o principal da área e que não pode de maneira alguma atrasar. Deixar claro que confiamos na pessoa e que temos grande certeza de sua capacidade de entregar o que se espera.

Obter participação – Uma das formas de evitar resistências, mudar atitude e aumentar motivação e engajamento é fazendo com que o liderado participe das soluções, decisões e encaminhamentos sobre a tarefa. Encontre então as formas que usaremos para obter a participação do liderado e as registre aqui. Por exemplo: envolvê-lo na decisão do banco de dados a ser utilizado, trazê-lo para participar da discussão do orçamento da área etc.

Ouvir opiniões – Quando o liderado está para baixo, frustrado, ou com outras dificuldades que diminuem seu engajamento, é importante destampar a comunicação e fazer fluir o que está atrapalhando. Ouvir e apenas ouvir pode ser um remédio muito eficaz nessas situações. Aqui devemos programar em quais situações nós vamos ouvir mais. Por exemplo: pedir sempre a opinião do liderado nos rituais de acompanhamento. Perguntar a ele como se sente em relação ao projeto; se está precisando de alguma coisa a mais. Pedir sua opinião sobre decisões tomadas e caminhos adotados.

Dar e receber feedback – Posicionamento constante sobre a realidade é a base do bom desempenho. Sua falta pode levar ao distanciamento e à falta de engajamento por parte dos liderados. Reconhecimento sobre os acertos, alerta e direcionamento para os erros se tornam parte fundamental do processo de apoio. Entretanto, não podemos nos limitar a falar que está certo ou errado. Precisamos dizer o que está certo e por que acertamos e o que está errado e como fazer para acertar na próxima vez. Aí sim, estamos dando *feedback* completo. Aqui temos de registrar os assuntos que necessitam de *feedback* ao liderado. Por exemplo: elogiar seu desempenho na reunião com os diretores por ter respondido a todas as dúvidas de forma objetiva e clara. Avisá-lo que, quando marcar uma reunião de acompanhamento com o time, não deve, simplesmente, em cima da hora, desmarcar, sem nenhuma explicação.

Reconhecer e reforçar a segurança e confiança – Principalmente quando o liderado está com baixa autoconfiança, nosso papel é lhe dar uma injeção de ânimo, recarregando sua autoestima. Algumas vezes até dar uma ajuda para que ele acerte e, com isso, reforçar sua percepção de que é capaz. Aqui torna-se necessário encontrar as oportunidades para fazer com que ele se perceba capaz e competente para avançar. Por exemplo: deixar o liderado apresentar os ótimos resultados do mês para a diretoria. Conversar com o liderado sobre o andamento do projeto e os comentários positivos feitos pelos clientes etc.

Entender os problemas emocionais – Grande parte dos problemas de atitude está ligada a disfunções emocionais que fazem com que o liderado perca sua objetividade. A maior parte das disfunções está ligada a medos. Aqui o nosso trabalho está em entender melhor o que está bloqueando o desempenho do liderado. Qual o medo? Medo de quê? Quando o medo está paralisando? Então devemos listar os eventuais problemas emocionais que podem estar ocorrendo. Por exemplo: o liderado está muito calado nas reuniões; o liderado está chegando atrasado ou saindo sempre cedo; o liderado está faltando às reuniões etc.

Conversas de confronto e gestão de consequências – Nem sempre a palavra "apoio" significa dar tapinha nas costas e fazer elogios. Às vezes parte do apoio é de confrontar atitudes negativas impróprias ou vazias. Aqui precisamos programar conversas sobre assuntos difíceis que estejam atrapalhando o desempenho. Com isso, ajudar o liderado a perceber que suas atitudes têm consequências negativas tanto para ele próprio quanto para a organização. Por exemplo: marcar conversa sobre o mau hábito do liderado de falar mal da empresa pelos corredores. Marcar conversa de confronto sobre a atitude de pessimismo constante quanto a todas as metas estabelecidas.

Combinando como gerenciar cada um

Tendo o planejamento pronto, você deve usar seus rituais de alinhamento individuais para conversar sobre o nível de evolução de cada liderado em cada projeto e como melhor ajudá-lo nessa fase. Não é necessário que você explique a ferramenta para eles, nem utilizar os termos Q1, Q2, Q3 e Q4, bem como o nome dos estilos comandante, treinador, orientador e desafiador. Basta você discutir e concordar quanto aos níveis de preparo e disposição e como será sua atuação em termos de diretividade, treinamento, apoio e orientação. Combinado não é caro, portanto esse alinhamento facilitará muito a sua gestão.

Exemplo preenchido de Q1

Plano individual

Nome: João Geraldo   Tarefa/projeto   Vistoria de navios em operação
Atitude (motivação): Alta   Confiança: Alta   Preparo: Nenhum
Quadrante diagnosticado: Q1   Quadrante desejado: Q2   Prazo: 15 dias

Ações de diretividade	Ações de apoio/suporte
Intensidade de diretividade (+ ou -) Precisa de altas doses de diretividade	**Intensidade de apoio/suporte (+ ou -)** Baixa necessidade
Definição de objetivos e metas Definir uma agenda de trabalhos para ele com dificuldade crescente. Estabelecer um número de vistorias a serem realizadas no mês acompanhado e desacompanhado	**Expectativas claras**
Processo decisório Quando estiver sozinho combinar com ele para nunca tomar nenhuma decisão de aprovação ou recusa de certificação principalmente quando o assunto envolver riscos para o navio	**Obter participação** **Ouvir opiniões**
Orientação técnica/coaching On the job. Cada vistoria acompanhada deverá ser um treinamento prático	**Dar e receber feedback** **Reconhecer/reforçar a segurança e confiança**
Resolução de problemas Resolver para ele as questões de transporte até os navios até que ele consiga resolver por si próprio	**Entender os problemas emocionais**
Acompanhamento e rituais Segundas, quartas e sextas, às 14:30h, duração 20 minutos	**Conversas de confronto/gestão de consequências**
Treinamento Inscrevê-lo no programa de capacitação em normas navais	

Exemplo preenchido de Q2

Plano individual

Nome: Ana Claudia   Tarefa/projeto   Projeto de CRM
Atitude (motivação): baixa   Confiança: baixa   Preparo: pequeno
Quadrante diagnosticado: Q2   Quadrante desejado: Q3   Prazo: 45 dias

Ações de diretividade	Ações de apoio/suporte
Intensidade de diretividade (+ ou -)	**Intensidade de apoio/suporte (+ ou -)**
Precisa de diretividade razoável	Muito, pois está desmotivada
Definição de objetivos e metas	**Expectativas claras**
Prazos de projeto, etapas críticas, indicadores de avaliação	Mostrar para ela como é importante que façamos uma implementação exemplar
Processo decisório	**Obter participação**
Definição dos critérios para segmentação de clientes. Escolha dos fornecedores de TI	Ouvi-la quanto aos prazos estabelecidos e quanto às definições mais técnicas que formos adotando
Orientação técnica/*coaching*	**Ouvir opiniões**
Revisão das conversões de dados a cada etapa. Revisão das telas traduzidas. Faremos juntos o desenho do banco de dados	Quinzenalmente perguntar como ela está se sentindo no projeto e se melhorou seu receio com o desconhecido
Resolução de problemas	**Dar e receber *feedback***
Ajudar com soluções específicas para a conversão dos dados do sistema antigo para o atual	A cada mês sessão de avaliação mútua
Acompanhamento e rituais	**Reconhecer/reforçar a segurança e confiança**
Terças e quintas, às 9h da manhã. Duração de 1 hora	Elogiar seu comprometimento e seu esforço extra para compensar os atrasos no cronograma
Treinamento	**Entender os problemas emocionais**
Curso sobre a operação do sistema que estamos adquirindo	Marcar uma conversa específica para discutir seu medo que está meio paralisante. Entender e ajudar
	Conversas de confronto/gestão de consequências
	Não necessária

Exemplo preenchido de Q3

Plano individual

Nome: Lucas   Tarefa/projeto   Devolutivas de avaliação 360 graus (consultor)
Atitude (motivação): inconstante   Confiança: baixa   Preparo: suficiente
Quadrante diagnosticado: Q3   Quadrante desejado: Q4   Prazo: 45 dias

Ações de diretividade	Ações de apoio/suporte
Intensidade de diretividade (+ ou -)	**Intensidade de apoio/suporte (+ ou -)**
Muito pouca	Necessitando melhorar a confiança
Definição de objetivos e metas	**Expectativas claras**
Fazer junto com ele	Conversar sobre as agendas e o que se espera de cada devolutiva
Processo decisório	**Obter participação**
Delegar para ele	Ouvi-lo quanto às escolhas das devolutivas para ele realizar e mostrar que é capaz
Orientação técnica/*coaching*	**Ouvir opiniões**
Não necessária	Perguntar como ele se sente em termos de preparo para realizar as devolutivas
Resolução de problemas	**Dar e receber *feedback***
Oferecer a porta aberta, mas não fazer por ele	A cada mês sessão de avaliação mútua
Acompanhamento e rituais	**Reconhecer/reforçar a segurança e confiança**
Toda quinta, às 15h, por 30 minutos	Elogiar as devolutivas que ele já fez sozinho e que o resultado foi muito bom
Treinamento	**Entender os problemas emocionais**
Não necessário	Conversar sobre o porquê da baixa confiança
	Conversas de confronto/gestão de consequências
	Ter uma conversa mais dura sobre baixa pontualidade nos compromissos que ele vem apresentando

Não inserimos exemplo preenchido de Q4, pois neste estágio o *template* ajuda muito pouco.

Treinando a ferramenta

Evoluir no uso da ferramenta exige algum treino e a percepção de nossos vieses no uso dos estilos. Precisamos entender quais as nossas tendências e erros para que possamos corrigi-los. Para acelerar esse processo criamos um exercício que pode ser um pouco trabalhoso a princípio, mas que tem se mostrado extremamente poderoso para a evolução do uso dos estilos de liderança.

Mostramos, a seguir, 16 situações corriqueiras no processo de liderança. Cada uma delas representa um estágio de evolução do time e exigiria uma ação correspondente.

Em cada situação procure escolher a melhor conduta de ação para o líder. Não fique pensando demais. Procure adotar a resposta mais confortável e imediata. A intenção desta primeira parte não é acertar as respostas, mas identificar suas tendências.

Situação 1

Um de seus liderados, que vinha em franca evolução, tem demonstrado descaso quanto à entrega de seus compromissos recentemente. Nas mãos dele está uma tarefa importante para sua área e você tem indícios de que ele não tem o preparo necessário para a entrega do resultado esperado em tempo.

a) Procura entender os sentimentos dele sobre o problema que está ocorrendo. Cria o envolvimento dele no encaminhamento da solução. Dá suporte e apoio para que use suas próprias soluções na tarefa. Periodicamente verifica como as coisas estão andando.

b) Esclarece as prioridades e responsabilidades envolvidas no projeto. Estabelece as ações e os produtos a serem entregues. Acompanha passo a passo para verificar se as ações estão sendo entregues a contento.

c) Assegura que ele saiba a importância da tarefa. Solicita que ele estabeleça e lhe apresente um plano de ação para lidar com a situação. Coloca-se à disposição para eventuais problemas.

d) Conversa com ele sobre a sua percepção do problema e ouve a dele. Estabelece as ações e os produtos a serem entregues. Explora as ideias dele quanto ao encaminhamento e as incorpora às suas ações propostas. Acompanha para ver se o projeto voltou a andar como deveria.

Situação 2

Sua equipe dedicou-se de forma exemplar nos últimos 6 meses para atingir os resultados esperados. Os cinco participantes, atuando de forma extremamente profissional e competente, conseguiram trazer os resultados, apesar de todos os obstáculos que surgiram. Entretanto, o principal fornecedor não conseguiu o mesmo desempenho, atrasando, em quase quinze dias, a entrega de um produto necessário ao resultado final. Isso abalou fortemente o moral da tropa, que nos últimos dias apresentou um desânimo na reunião com a diretoria. Seu chefe, em conversa particular com você, apresentou grandes preocupações quanto ao resultado final.

a) Mostra suas preocupações com o futuro e apresenta um plano de recuperação dos prazos solicitando que o grupo o cumpra para a obtenção dos resultados. Muda sua agenda semanal, criando mais espaço para o acompanhamento mais próximo.

b) Ouve o grupo e apresenta um plano de recuperação dos prazos que inclui as contribuições e sugestões. Encoraja e motiva o grupo a continuar e persistir, apesar do obstáculo. Acompanha de perto.

c) Reforça que você continua acreditando no resultado e na equipe. Solicita ao grupo um plano de recuperação e direciona todos os recursos que ele solicitar para viabilizar o plano. Coloca-se à disposição e, sem grande pressão, monitora o desempenho.

d) Ouve o grupo quanto a seus sentimentos e frustrações. Mostra suas preocupações com o futuro e solicita ao grupo um plano de ação para colocar o projeto novamente no eixo. Contribui efetivamente com esse plano, tornando-o mais robusto. Reforça a confiança que tem e agradece o desempenho passado, mas chama a responsabilidade do grupo para a entrega final. Combina com o grupo a forma de monitoramento.

Situação 3

O projeto que você lidera está em sua fase final e todos do grupo estão dando o máximo de si. Um novo participante se juntou ao grupo e necessita apresentar um relatório consolidado do cronograma do projeto em alguns dias. O grupo possui um formato e procedimentos padrões que foram aceitos e validados por todo o grupo e esse participante ainda não conhece nada a respeito, muito embora esteja bastante ansioso por aprender e se integrar mais ao grupo e, principalmente, por contribuir. A proposta dele não está aderente ao formato padrão, pois, embora inovadora, não atende às necessidades já vividas pelo grupo e atendidas plenamente pelo formato padrão.

a) Mostra os problemas com a proposta apresentada, ressalta a relevância do trabalho e do desafio para ele e coloca-se à disposição para esclarecimento de dúvidas e eventual acompanhamento dos trabalhos.

b) Especifica os procedimentos e formatos a serem utilizados. Mostra a ele exatamente o que é necessário e por que suas ideias não funcionariam. Monitora de perto seu trabalho, corrigindo e orientando o que for necessário.

c) Procura ouvir suas preocupações e orienta sobre os procedimentos e formatos a serem utilizados. Acompanha de perto a sua realização para verificar e ajudar com as eventuais modificações.

d) Discute abertamente sobre os problemas envolvidos com a proposta apresentada. Interage com ele sobre como fazer o relatório, ouvindo suas ideias. Pergunta a ele se existe algo que você possa fazer para ajudá-lo. Combina com ele a necessidade ou não de acompanhamento da tarefa.

Situação 4

Você implementou, durante os últimos anos, um procedimento de atualização das rotinas da área que se resume ao preenchimento semanal de um relatório que atualiza a situação quanto a prazos, metas e eventuais problemas. Um de seus liderados vem falhando no cumprimento dessa disciplina, não entregando o relatório com regularidade. Essa mesma pessoa vinha cumprindo esse compromisso de forma perfeita desde o início da medida, mas começou a apresentar esse problema recentemente.

a) Conversa com o liderado para ouvir o que está acontecendo. Orienta sobre o relatório para ver se existem dúvidas quanto ao preenchimento e explica sua importância. Monta com ele um plano para garantir a entrega, incluindo suas ideias, se possível. Acompanha seu desempenho fornecendo ajuda quando solicitada.

b) Reforça sua confiança no trabalho dele e pergunta a ele o que está acontecendo. Procura entender as causas e orientá-lo a superar os obstáculos. Ressalta o impacto da não entrega para os resultados da área. Recontrata o compromisso.

c) Chama o liderado para uma conversa dura e mostra sua insatisfação com o não cumprimento do compromisso. Ressalta a importância e a prioridade da tarefa. Repassa o relatório para ver se existem dúvidas quanto ao seu preenchimento e quanto à sua importância. Acompanha de perto seu cumprimento.

d) Chama o liderado para a responsabilidade do compromisso. Reforça que confia na sua recuperação e coloca-se à disposição para ajudar, se necessário. Acompanha o desenrolar das próximas entregas, sem pressionar.

Situação 5

Devido a uma crise de mercado, a dinâmica de trabalho de sua área mudou sensivelmente e seus liderados estão propondo alterações na forma de trabalho e na divisão de responsabilidades que, embora façam sentido, você não tem muita certeza de que funcionarão a contento. Sua equipe é muito bem preparada e está extremamente engajada, comprometida com os resultados e muito a par dos riscos envolvidos na mudança.

a) Reúne o grupo e ouve as ideias atentamente, explorando seus detalhes e eventuais vulnerabilidades. Apoia o fortalecimento das alternativas e fornece o suporte necessário para sua implementação. Combina com o grupo a forma de acompanhamento do resultado.

b) Desenvolve e apresenta a sua proposta e suas razões e temores. Apresenta suas preocupações com as ideias por eles propostas e procura, sempre que possível, fazer convergir as ideias. Garante que eles entenderam o plano e acompanha sua implementação.

c) Demonstra que confia no grupo e, após solicitar que eles apresentem a mudança, os principais obstáculos, o plano de implementação e os resultados esperados, você compartilha os riscos com o grupo e fornece total apoio, estabelecendo data para a reunião de avaliação do resultado.

d) Apresenta a sua solução para a situação e toda a lógica que a envolve. Explica o motivo de não adotar a ideia deles e responde a qualquer dúvida que surgir, garantindo que os passos para a implementação estejam claros e entendidos. Acompanha de perto a implementação das mudanças.

Situação 6

Seu liderado mais experiente foi recentemente nomeado coordenador de um pequeno grupo de pessoas. Sua performance *passada sempre foi exemplar. Apesar de ele não ter experiência em liderança e encontrar dificuldades nesse início, demonstra uma vontade inabalável de superá-las.*

a) Solicita que ele desenvolva um plano de ação para solucionar a situação e lhe apresente. Pergunta a ele de quanto tempo ele precisa para isso e, sem pressão, o acompanha e dá o apoio necessário.

b) Ouve suas dificuldades e orienta como deve ser sua atuação como líder, definindo atividades e a forma de lidar com os liderados. Incorpora suas ideias ao plano geral, mas sem deixar que saia do curso. Acompanha seu desenvolvimento, interferindo se necessário.

c) Reforça sua segurança, mostrando que ele tem potencial para o novo cargo. Interage com ele ouvindo suas preocupações e explorando novas alternativas de ação. Mantém contato frequente para apoio.

d) Ensina-lhe o básico de liderança definindo as atividades, as prioridades e a dinâmica com os diversos rituais. Esboça um plano de trabalho para que ele consiga desempenhar sem maiores dificuldades enquanto evolui com a liderança, e acompanha de perto para ver como as coisas estão progredindo.

Situação 7

Você precisa que seu funcionário, contratado há alguns meses, faça uma proposta para um cliente. Ele conhece pouco sobre esse cliente e necessita aprender um pouco mais para que possa construir as opções, avaliando seus respectivos riscos, impactos e custos. Ele imagina que essa tarefa é ainda mais difícil do que aparenta. A situação fica agravada, pois ele tem sua agenda lotada. Ele está bastante inseguro com a situação, o que o deixa também preocupado.

a) Ouve atentamente as suas preocupações e aumenta sua confiança, estabelecendo os passos que ele deve tomar para completar seus conhecimentos e fragilidades, utilizando suas próprias ideias, sempre que possível. Assegura-se de que ele saiba exatamente o resultado final, os prazos esperados e o seu impacto. Estabelece reuniões semanais para acompanhar o progresso e reforçar sua segurança.

b) Mostra a importância da proposta e o desafio que ela representa para ele, dado o tempo na posição. Demonstra sua preocupação com os impactos e pede que ele estabeleça um prazo para o término, solicitando que o mantenha a par do progresso através de relatórios periódicos.

c) Explora em conjunto os problemas que ele possa ver e as opções para superá-los, mostrando que os obstáculos não são tão grandes quanto parecem. Pede que ele estabeleça um plano de ação com prazos que em conjunto será validado. Reforça sua confiança nele, mesmo tendo pouco tempo de casa. Periodicamente verifica o progresso.

d) Elabora para ele a estrutura da proposta. Estabelece os passos que ele deve tomar para conhecer melhor o novo cliente e as condições que envolvem a proposta. Estabelece um cronograma básico para ele completar as informações necessárias. Marca as reuniões para elaboração conjunta e finalização.

Situação 8

Você está completamente atolado de trabalho e a diretoria precisa que você faça uma apresentação sobre o seu principal cliente para uma tomada de decisão importante. Você sabe que os componentes da diretoria não são fáceis e a apresentação não pode se desviar, sob o risco de nem ser ouvida. Seu braço direito, que cuida exatamente desse cliente e que tem credibili-

dade com os diretores, já participou com você de diversas reuniões de diretoria e tem tido performances *superiores nessas situações. Você está pensando em solicitar a ajuda dele nesse trabalho e ele se mostrou muito animado com isso.*

a) Cria um *template* detalhado e específico para ele, como um roteiro prévio da apresentação, e solicita que ele o ajude no preenchimento. Marca uma reunião para discussão e ajustes do conteúdo e estabelece uma data final para um ensaio da apresentação que será realizada por você na reunião de diretoria.

b) Solicita que ele monte a apresentação e lhe mostre. Após as discussões e ajustes, você o convida a realizar a apresentação na própria diretoria como sinal de absoluta confiança que tem no trabalho dele.

c) Fornece as orientações gerais sobre os produtos finais da apresentação e solicita a opinião dele para o conteúdo. Solicita a sua ajuda na elaboração do material final e o convida para participar na diretoria, mas com você apresentando.

d) Solicita que ele monte a apresentação e lhe mostre. Você interage com ele sobre outras ideias que poderiam ser incluídas. Discute com ele sobre as opções de quem deve apresentar na diretoria e por consenso tomam uma decisão sobre esse assunto.

Situação 9

Seu melhor líder de projetos está gerando algumas preocupações. Ele tem lidado de forma impecável com os últimos projetos, mas não se utiliza do sistema de gerenciamento de projetos implementado a duras penas que promove a integração e a gestão de diferentes frentes de ação. Até hoje esse sistema não fez muita falta, mas, de agora em diante, ele fará muita diferença pela interdependência dos projetos futuros. Sua suspeita é que ele, apesar de saber mexer com o software, tem problemas com o entendimento dos conceitos que estão por trás do sistema. Com essa dificuldade, ele acaba encontrando alguma maneira para desqualificar o sistema e evitar o seu uso, fugindo de toda maneira de expor sua fragilidade na questão dos conceitos.

a) Mostra-lhe que percebe o desvio e que será preciso ajustar. Ouve um pouco os porquês do desvio. Comenta a importância da integração, indica formas de como evoluir nessa competência e, dentro do possível, inclui as próprias ideias dele. Define uma data-compromisso e acompanha a evolução.

b) Procura entender em conjunto com ele os porquês do desvio. Também em conjunto encontram formas de desenvolvimento das necessidades. Coloca-se à disposição para o esclarecimento de dúvidas e acompanha o desempenho a distância.

c) Estabelece como meta que ele faça um curso sobre os conceitos envolvidos. Você define que a pessoa que mais conhece os conceitos ligados ao sistema se integre ao time dele e também uma data para que tudo no sistema esteja atualizado e pronto para as futuras integrações. Acompanha de perto a evolução.

d) Comenta o desvio e diz que conta com a responsabilidade e compromisso dele para que as coisas se ajustem para evitar problemas futuros. Acompanha a evolução sem fazer maiores pressões.

Situação 10

Uma pessoa de sua equipe que tinha problemas de autoconfiança conseguiu superar e vem se diferenciando das demais. Sua competência e conhecimentos já eram superiores e sua atitude agora está muito boa. Ao alocá-la a uma tarefa, que ela mesma havia solicitado, como desafio...

a) Estabelece os objetivos e metas, orienta sua ação passo a passo e acompanha de perto os resultados, pois a questão da autoconfiança pode voltar a qualquer hora.

b) Pergunta sobre suas ideias para a tarefa e estabelece os objetivos e metas, inserindo as contribuições e incentivando a sua criatividade para reforçar ainda mais sua autoconfiança. Procura orientar sua ação passo a passo. Mostra-se disponível para dúvidas e acompanha de perto.

c) Solicita que ela traga um planejamento com os objetivos, metas e ações para sua avaliação e aprovação. Interage sugerindo ideias, ajustando as ações e entendendo suas principais dificuldades. Combina a forma de acompanhamento.

d) Estabelece um desafio e solicita que ela traga um planejamento com os objetivos, metas e ações para seu atingimento. Demonstra sua confiança nela e acompanha, dando espaço para sua plena atuação.

Situação 11

Você foi convidado para fazer uma apresentação em um seminário e não poderá estar presente por motivo de viagem por sua empresa. Você indica um liderado para seu lugar. Ele tem grande conhecimento sobre o assunto e está muito bem prepara-

do. Além disso, comunica-se muito bem em público. Entretanto, sua sombra é muito forte e ele está reticente e inseguro quanto a aceitar o desafio. Você está confiante, mas um pouco preocupado com a insegurança apresentada, pois ela pode acarretar impactos na imagem da empresa e em sua própria reputação, pois o evento possui enorme repercussão.

a) Fornece-lhe espaço para que resolva o problema por si próprio. Coloca-se à disposição para qualquer ajuda que seja necessária. Pede apenas para que ele o posicione sobre o andamento das coisas.

b) Reforça sua confiança em seu conhecimento e habilidades e procura, interagindo com ele, entender as fontes de sua insegurança, criando juntos alternativas que reforcem a sua autoconfiança. Coloca-se ao seu lado para os preparativos e para fazer um ensaio prévio, se ele assim entender como necessário.

c) Mostra suas preocupações com o evento e uma apresentação que você preparou. Na interação com ele, incorpora suas ideias, mas sem perder a linha principal de pensamento. Sugere um cronograma de acompanhamento e ensaios para as semanas seguintes.

d) Para apoiá-lo e facilitar sua tarefa, prepara uma série de *slides* e mostra que você gostaria que ele os apresentasse como sendo um conteúdo aceitável para um evento desse porte. Estabelece um cronograma, que o ajudará a preparar sua apresentação com antecedência, que inclui os pontos de controle e os ensaios preparativos que você se dispôs a acompanhar.

Situação 12

Uma das plantas de produção vem obtendo os piores resultados já faz alguns meses. Nenhum dos liderados que você assinalou para o cargo conseguiu resolver a situação. Você está pensando em nomear seu melhor liderado para essa função. Ele vem obtendo desempenho superior nos últimos anos e está altamente qualificado para o desafio. Em conversa prévia, ele não se mostrou muito animado com essa perspectiva.

a) Procura entender os motivos de seu desânimo quanto à tarefa e deixa claro a importância da situação e sua confiança nele. Solicita que ele estabeleça a melhor maneira de encaminhar a situação. Ajuda no desenvolvimento de alternativas e opções e sugere que ele utilize suas próprias ideias, muito eficazes em seu desempenho passado. Combina com ele a forma de acompanhar o progresso.

b) Desenha um plano com os passos para uma recuperação da situação que você quer que ele siga. Muda sua mesa para a planta em questão e acompanha de perto para controlar o andamento e evitar que aconteça mais uma tentativa frustrada.

c) Mostra que entende o desânimo e desenha um plano com os passos para uma recuperação da situação, como forma de facilitar o sucesso. Solicita suas ideias e as incorpora, se possível, mas mantendo a linha mestra por você desenhada. Acompanha de perto e com ele o andamento das ações.

d) Deixa claro a importância da situação e sua confiança nele. Solicita que ele cuide da situação da melhor maneira que considerar apropriada. Cuida de sua própria ansiedade com paciência e disponibilidade. Solicita que haja o posicionamento da situação, conforme ela progredir.

Situação 13

Sua área está mal em termos de performance. *Recentemente, seu principal concorrente realizou um ataque e grande parte do seu time foi contratado por ele. Novas pessoas entraram, mas ainda não conhecem o suficiente do negócio e nem possuem as competências prontas para os desafios presentes. Estão entusiasmadas com as perspectivas e dispostas a mudar o patamar de* performance.

a) Incentiva o grupo a criar suas próprias soluções. Ajuda-o a desenvolver um plano para recuperação. Procura entender as dificuldades e apoia o grupo para evitar desânimo. Fornece seu suporte na implantação das ações e acompanha a certa distância.

b) Garante ao grupo os recursos que ele necessite e solicita que faça um plano de ação sobre suas próprias necessidades de treinamento. Mantém-se disponível para eventual ajuda e solicita-lhes que o mantenham informado.

c) Desenvolve um plano de ação de recuperação bem específico, dizendo o que fazer, quando e como e ainda quem estará envolvido. Cria um segundo plano paralelo para desenvolvimento das competências necessárias. Monitora passo a passo a implementação do plano.

d) Desenvolve um plano de ação e lhes apresenta, explicando sua lógica e pedindo a participação deles com contribuições. Ouve suas principais preocupações e procura apoiar nas soluções. Acompanha com frequência a implementação do plano.

Situação 14

Você assumiu recentemente uma área de um par que foi demitido em uma reestruturação. A equipe por ele montada passou a se reportar a você. Durante os meses iniciais em que você assumiu a situação, percebeu um declínio acentuado na performance. *Além disso, os quatro recursos da área não tinham o preparo necessário para o desempenho de seu papel. Para agravar a situação, a troca do gestor anterior provocou certa desmotivação no grupo e um sentimento de injustiça.*

a) Reúne o grupo, busca suas contribuições e eventuais preocupações e causas para o sentimento de injustiça. Apresenta seu plano de ação para reversão da situação e incorpora as ideias deles ao plano, desde que possíveis e não comprometam a recuperação. Dá apoio, confiança e monitora a implementação das ações de forma próxima.

b) Reúne o grupo e apresenta suas preocupações. Solicita ao grupo os indícios para as causas da *performance* declinante. Trabalha com o grupo as alternativas para evoluir com o assunto. Apoia o grupo na criação de um plano de ação. Coloca-se à disposição para ajuda e monitora o grupo.

c) Reúne o grupo e demonstra confiança em que eles consigam reverter a situação. Solicita, ao mesmo tempo, que apresentem um plano de ação para este desafio. Solicita também uma data para uma nova reunião de acompanhamento desse assunto.

d) Reúne o grupo e apresenta seu plano de ação para reversão da situação que implicará mudanças individuais e treinamento, comunicando que conta com o compromisso de todos. Dá *feedback* para o grupo de forma construtiva e monta os rituais de acompanhamento da implementação das ações de forma implacável.

Situação 15

Uma nova pessoa acaba de ser contratada por você para ingressar no seu time de pessoas muito talentosas, bem preparadas e experientes. Essa nova pessoa, apesar de também ter potencial como os demais, é ainda inexperiente no negócio, mas está extremamente entusiasmada e confiante. No fundo você imagina que está até um pouco confiante demais. Ao determiná-la para uma importante tarefa...

a) Ressalta a relevância do assunto para a sua área e permite que ela mesma determine o que fazer e como fazer. Coloca-se à disposição para eventuais esclarecimentos e acompanha a sua *performance.*

b) Procura orientar e dirigir o seu trabalho, deixando claro o que se espera e como fazer. Busca interagir explicando os porquês. Sem perder a orientação geral, usa as boas ideias dela, monitorando a evolução.

c) Inicia explorando como ela abordaria essa tarefa e quais dificuldades ela prevê enfrentar. Ajuda-a a enfrentar e explorar as possíveis abordagens e soluções. Compartilha as decisões e a acompanha periodicamente.

d) Aproxima-se mais dela do que dos demais e procura orientar passo a passo e de forma bastante específica o que fazer, como fazer e para quando. Controla e avalia seu progresso de forma próxima e imediata.

Situação 16

Durante sua ausência para participação em uma reestruturação de abrangência de toda a empresa e de grande relevância, sua equipe tocou a área como um colegiado. Os clientes elogiaram a atuação da equipe em repetidas vezes. As metas foram superadas e a diretoria elogiou os resultados em sua última reunião. De fato, a equipe sempre foi muito bem preparada e com enorme vontade de acertar. Você está com dúvidas de como interagir ao retornar ao seu papel anterior.

a) Agradece o esforço de todos, estabelece os próximos passos e assume a direção do grupo novamente, conforme fazia antes de sua saída.

b) Agradece o esforço de todos e estabelece os próximos passos, ouvindo algumas sugestões do grupo sobre como atuar, mas voltando a assumir a direção.

c) Elogia o desempenho do grupo e desafia que eles, com a mesma forma de conduzir a área, consigam resultados ainda maiores. Avisa o grupo que você continuará fora e se colocará em posição de abrir mais espaços estratégicos para a atuação da área.

d) Elogia o desempenho do grupo. Solicita que eles encontrem as alternativas para os próximos passos e incorpora-se como mais um integrante do grupo do que como chefe.

Respostas:

Marque suas respostas no quadro abaixo:

Perguntas	A	B	C	D
1				
2				
3				
4				
5				
6				
7				
8				
9				
10				
11				
12				
13				
14				
15				
16				

Agora vamos seguir com uma abordagem mais estruturada.

Nas questões, cada alternativa de resposta representa um dos estilos (comandante, treinador, orientador e desafiador), sendo que uma delas é a mais adequada à situação descrita. A forma correta de se abordar este teste é procurando identificar em cada situação (cada questão) a qual estágio de evolução e a qual estilo se refere cada alternativa e, finalmente, escolher a mais adequada. Para isso o único caminho é:

1) Identificar o nível de preparo e de atitude do liderado ou liderados para a tarefa em questão.

2) Com isso, chegamos facilmente ao quadrante a ser trabalhado (Q).

3) Agora, para cada alternativa, determine o nível de diretividade e o de apoio presentes em cada resposta, que são os fatores que determinam o estilo aplicado em cada resposta.

4) Assim você conseguirá decifrar qual é o estilo (comandante, treinador, orientador e desafiador) que ela representa.

5) Uma das respostas deverá possuir o nível adequado de diretividade e de apoio e, portanto, o estilo correto referente ao quadrante em questão.

Repita o teste seguindo esse novo roteiro. Escolha sempre usar alto ou baixo para as situações e estilos. Use a tabela abaixo para seguir esse novo roteiro. Basta ir preenchendo linha a linha. Nos campos estilo use 1, 2, 3 ou 4 para:

Estilo 1 = Comandante
Estilo 2 = Treinador
Estilo 3 = Orientador
Estilo 4 = Desafiador

a = alta

b = baixa

Questão	Preparo	Atitude	"Q"	Alt A			Alt B			Alt C			Alt D		
				Diretividade	Apoio	Estilo	Diretividade	Apoio	Estilo	Diretividade	Apoio	Estilo	Diretividade	Apoio	Estilo
1															
2															
3															
4															
5															
6															
7															
8															
9															
10															
11															
12															
13															
14															
15															
16															

Soluções:

Em negrito as respostas corretas.

a = alta
b = baixa

Questão	Preparo	Atitude	"Q"	Alt A			Alt B			Alt C			Alt D		
				Diretividade	Apoio	Estilo	Diretividade	Apoio	Estilo	Diretividade	Apoio	Estilo	Diretividade	Apoio	Estilo
1	b	b	Q2	b	a	3	a	b	1	b	b	4	a	a	**2**
2	a	b	Q3	a	b	1	a	a	2	b	b	4	b	a	**3**
3	b	a	Q1	b	b	4	a	b	**1**	a	a	2	b	a	3
4	a	b	Q3	a	a	2	b	a	**3**	a	b	1	b	b	4
5	a	a	Q4	b	a	3	a	a	2	b	b	**4**	a	b	1
6	b	a	Q1	b	b	4	a	a	2	b	a	3	a	b	**1**
7	b	b	Q2	a	a	**2**	b	b	4	b	a	3	a	b	1
8	a	a	Q4	a	b	1	b	b	**4**	a	a	2	b	a	3
9	b	b	Q2	a	a	**2**	b	a	3	a	b	1	b	b	4
10	a	a	Q4	a	b	1	a	a	2	b	a	3	b	b	**4**
11	a	b	Q3	b	b	4	b	a	**3**	a	a	2	a	b	1
12	a	b	Q3	b	a	**3**	a	b	1	a	a	2	b	b	4
13	b	a	Q1	b	a	3	b	b	4	a	b	**1**	a	a	2
14	b	b	Q2	a	a	**2**	b	a	3	b	b	4	a	b	1
15	b	a	Q1	b	b	4	a	a	2	b	a	3	a	b	**1**
16	a	a	Q4	a	b	1	a	a	2	b	b	**4**	b	a	3

Estilo 1 = Comandante
Estilo 2 = Treinador
Estilo 3 = Orientador
Estilo 4 = Desafiador

Resumo das tentativas:

Perguntas	Resposta certa	Resposta do primeiro teste	Resposta do segundo teste
1	D		
2	D		
3	B		
4	B		
5	C		
6	D		
7	A		
8	B		
9	A		
10	D		
11	B		
12	A		
13	C		
14	A		
15	D		
16	C		

Agora analise suas respostas do primeiro teste diante das respostas corretas. As 16 situações propostas foram distribuídas igualmente entre os estágios, ou seja, 4 situações para cada estágio (Q1 a Q4). Note que, para acertar as respostas, você deveria ter escolhido 4 vezes cada um dos estilos (comandante, treinador, orientador e desafiador). Como nem sempre isso ocorre, podemos encontrar aqui alguns dos seus vieses de liderança. Um deles pode ser um acúmulo de escolhas por um determinado estilo. Por exemplo, ter escolhido 6 a 7 alternativas (das 16 situações) do estilo desafiador como o correto, mesmo para situações diferentes de Q4. Isso pode estar demonstrando certo conforto no uso do estilo desafiador que pode não ser adequado em termos de liderança. Esse exemplo pode estar apontando o erro que descrevemos anteriormente, o distanciamento. Outro problema pode ser a ausência sistemática de um determinado estilo. Por exemplo, você escolheu o estilo comandante apenas 1 ou 2 vezes quando deveria ter escolhido 4 vezes. Isso pode denotar certa aversão a esse estilo, mesmo quando ele é necessário. Este desconforto provavelmente está ligado à aplicação de estilos mais diretivos e que podem trazer situações muito complicadas para o líder.

Para apurar esses desvios, preencha a tabela a seguir com os resultados do **primeiro teste** e analise os resultados:

Uso dos estilos: conclusões

Estilo comandante _____ vezes

Estilo treinador _____ vezes

Estilo orientador _____ vezes

Estilo desafiador _____ vezes

Conclusões e análise do teste

O teste deverá trazer algumas reflexões sobre como você tem exercido seu estilo. Claro que é somente um teste e não necessariamente representa a verdade, mas, em geral, funciona bem para indicar possíveis problemas no uso dos estilos. A ferramenta do um a um é muito fácil de ser entendida e até mesmo muito intuitiva, ou seja, nós a aplicamos por instinto. A maior parte das pessoas fica muito boa em reconhecer o estágio de desenvolvimento dos liderados em pouco tempo, mas ajustar seu próprio estilo para o que deveria ser, adaptando os níveis de diretividade e apoio para cada situação, é uma história totalmente diferente. Este teste serve então para você aferir como anda sua flexibilidade para variar seu estilo, saindo do estilo de conforto.

Algumas reflexões que você pode fazer

Qual estilo tenho maior dificuldade de colocar em prática?

Por que isso acontece?

A maior dificuldade está em diretividade? Sinais de distanciamento presentes?

_____

_____

_____

A maior dificuldade está em apoio? Sinais de distanciamento presentes?

_____

_____

_____

Qual estilo está se sobressaindo?

_____

_____

_____

Por que isso acontece?

_____

_____

_____

Tenho exagerado em diretividade? Sinais de microgestão presentes?

_____

_____

_____

Tenho exagerado em apoio? Sinais de superproteção?

_____

_____

_____

Com o tempo e com o treino, vamos entendendo como aplicar a ferramenta e nos tornando cada vez melhores. Para isso é preciso colocá-la em prática todo o tempo.

O máximo desempenho do gestor é obtido quando seus liderados estão conseguindo dar o seu 100%. Para conseguir isso precisamos entender cada situação e atuar de maneira específica em cada uma delas. Não é uma tarefa simples, pois normalmente lideramos muitas pessoas e, para piorar, em diferentes tarefas e desafios. Modular estilos para atuar de forma específica em cada situação pode parecer meio utópico, distante da realidade possível. Nossa experiência demonstra que, com o devido treino e prática, passamos a fazer o diagnóstico instantâneo do quadrante e a adoção do estilo de forma praticamente instintiva, tornando o que parecia utópico algo factível e real. Entretanto, é essencial passar pelo entendimento de nossos vícios e erros para que a correção aconteça em todas as situações e não apenas reforcemos as situações que já estamos fazendo corretamente.

De todas as ferramentas de liderança, esta é a mais potente em termos de trazer ajustes de resultado de maneira rápida e eficiente. Por outro lado, embora a ferramenta faça grande sucesso no primeiro contato, acaba sendo esquecida no dia a dia, sendo muito frequente que os líderes voltem rapidamente aos estilos de conforto. O segredo do sucesso aqui é trazer a ferramenta ao seu dia a dia de gestor. Para isso seu modelo mental de líder precisa incorporar a ferramenta e, para isso, ela tem de ser usada em tempo integral no seu processo de gestão.

A seguir mudaremos o foco da abordagem individualizada para ferramentas nas quais utilizamos o conceito de equipe.

2
Liderando equipes

Talvez um dos assuntos mais importantes para falarmos em alta *performance* de times seja o próprio conceito de time. Sim, porque temos visto os gestores liderando grupos sem pensarem na distinção entre o que precisa ser uma equipe e o que não precisa ser, embora seja um grupo de pessoas trabalhando em um mesmo departamento ou área.

Equipe é um conjunto de pessoas interdependentes que possuem objetivos comuns. Interdependentes significa que uma pessoa depende da outra para que possa realizar suas atividades ou tomar decisões. A metáfora de um time de futebol seria válida enquanto cada jogador depende dos demais para que possa exercer plenamente seu papel. Um músico depende dos demais para que a sinfonia possa ser executada. Um analista de sistemas depende do programador e do suporte técnico para que as coisas andem, e assim por diante. Existem muitos grupos de pessoas nas empresas que respondem a um mesmo gestor e que não possuem interdependência, embora estejam numa mesma área. Esta é uma falsa equipe exatamente por não possuir a interdependência e o objetivo comum. Por exemplo, conhecemos uma empresa em que as áreas de recursos humanos e compras são gerenciadas pelo mesmo gestor. Tentar juntar esses dois times e tratá-los como uma única equipe seria forçar uma situação de interdependência que não existe (muito embora possa existir uma relação de cliente fornecedor entre eles).

Portanto, antes de entrarmos nas ferramentas a serem utilizadas, precisamos mapear e, eventualmente, redefinir qual é ou quais são as equipes que estaremos analisando e, se for preciso, tratar de forma diferente as diferentes equipes.

Caso da equipe do Alberto

Alberto é gerente de uma grande empresa nacional, que atua no ramo de produtos para o mercado de construção civil. Ele cuida de uma área que faz parte de uma unidade de negócio industrial que fabrica todos os produtos dessa empresa. As demais unidades de negócio são voltadas à comercialização e desenvolvimento de novos produtos. Como unidade de negócio ela possui certa autonomia que a levou a criar uma área de TI que desenvolve e faz a manutenção de todos os sistemas que sustentam a produção desta unidade. Alberto é justamente o responsável por esta área de TI.

Sua formação é em Engenharia e fez especialização em Sistemas de Informação. Apesar de sua formação técnica, Alberto consegue ter uma boa visão da empresa e das necessidades organizacionais, sem estar contagiado pelo tecnicismo que usualmente impera neste tipo de área. Alberto tem 30 anos e não fez sua carreira na área de TI, como é comum vermos em outras empresas. Sua carreira passou por engenharia, planejamento da produção, produção e finalmente TI. Esse trajeto o ajudou a balancear a questão técnica com as demais necessidades do negócio. Ansioso por acertar, Alberto vem trabalhando com sua equipe na busca por um desempenho excelente, mas tem enfrentado muitas dificuldades e obtido resultados que, sob a sua ótica, estão muito abaixo do que seria possível.

As demandas da área dizem respeito a processos de suporte. Por exemplo, entre os sistemas mais importantes está o sistema de materiais, que auxilia na gestão de compras e armazenagem de materiais da indústria, que tem muita importância, por lidar com valores de matérias-primas e estoques muito altos, principalmente quando se fala em matérias-primas que, em geral, são muito caras, representando grande parte do valor do produto final e que, muitas vezes, precisam ser importadas, trazendo complicações de gestão mais do que o normal, principalmente no que tange a estoques e tempo. Outro exemplo de sistema importante é o sistema de administração da produção que suporta todo o planejamento da produção e que gera a documentação que sincroniza e coordena o fluxo. Esse sistema acaba sendo muito complexo, pois automatiza grande parte das funções técnicas que exigem conhecimentos específicos de processo produtivo, garantindo que as informações necessárias cheguem ao chão de fábrica.

Existe uma grande demanda reprimida por desenvolvimentos de sistemas menores, voltados para aspectos menos importantes e administrativos que a área nunca consegue dar vazão por dar maior prioridade a esses sistemas considerados mais importantes. Entretanto, a não realização de tais demandas provoca certo barulho dos usuários não atendidos que criam preocupações para a credibilidade de Alberto.

Alberto conta com um time que, em parte, foi construído por ele e, em parte, recebido de herança de seu predecessor. Está neste cargo há 6 meses e se sente seguro para avaliar claramente todos os membros de sua equipe.

Realiza semanalmente uma reunião com o time inteiro, reservando 2 horas para isso. A dinâmica da reunião é passar as informações recebidas da hierarquia, discutir o andamento dos projetos e outros assuntos considerados importantes.

O clima da reunião ultimamente não tem sido muito calmo. Isso o tem deixado apreensivo e ansioso. Existe uma tensão no ar, respostas defensivas sobre eventuais atrasos, algumas pessoas culpando as outras. Alberto tem percebido certa agressividade entre alguns grupos, o que provoca grande irritação de sua parte, chegando a exigir certa imposição em relação à condução do grupo. Essa imposição é difícil de ser feita, pois os mais antigos, que detêm muito conhecimento dos sistemas existentes, manipulam as informações e tentam conduzir para seus próprios objetivos, nem sempre os melhores para a empresa como um todo. Muitas vezes Alberto sente seu discurso meio vazio e sem eco. Sua visão de empresa não é plenamente compartilhada pelos mais antigos e mais poderosos do grupo que colocam a técnica na frente. Mas, sempre com muito trabalho de conversa e persuasão, ele acaba conseguindo a adesão do grupo para suas ideias. O grupo é muito heterogêneo, tanto em idade, crenças quanto em formações e atitudes. As decisões dificilmente são consensuais e são disputadas palmo a palmo. Em geral, Alberto acaba tomando as rédeas para conduzir a um resultado. Sua liderança não é contestada abertamente. Ele é reconhecido como um bom gestor tanto interna como externamente à equipe.

Os componentes da equipe

Denise: É formada em Matemática. Já fazia parte do grupo quando Alberto entrou. Trilhou toda a sua vida em Sistemas, começando desde programadora júnior até seu cargo atual, que é analista plena. Já tem 42 anos de idade e a maior parte de sua carreira foi como programadora. Está no cargo de analista faz apenas 1 ano. É uma figura franzina, fala baixo e devagar, demonstra muito pouca energia para quem a conhece pela primeira vez. É uma programadora como poucas na linguagem de *mainframe*, mas está no seu limite como analista de sistemas. Procura compensar sua dificuldade com muito esforço pessoal e responsabilidade quanto à entrega. É uma pessoa dócil e fácil de lidar. Frequentemente fica até tarde trabalhando para compensar atrasos em seus cronogramas. Seu trabalho é lento e sem grandes surpresas. Alberto tem que ter extremo cuidado de não passar nada além de sua capacidade, pois com certeza ela não conseguirá realizar bem se isso acontecer. Entretanto, Alberto confia muito nela, pois é extremamente responsável. Relaciona-se bem com a maior parte do grupo e dificilmente solicita ajuda quando se vê em apuros.

Marcelo: É engenheiro com poucos anos de formado. Inteligente e perspicaz, ele se destaca no grupo. Com boa formação e cultura, ele tem ótimo acesso por toda a empresa. É baixo e em geral muito bem-humorado. Compromissado com seu trabalho, está sempre pronto para novos desafios. Busca ajuda quando em dificuldade e está aberto a aprender. Demonstra alguma insegurança quando defrontado com o novo, mas acaba sempre respondendo à altura. Está sempre disponível e tem grande facilidade em ensinar o que sabe. É meio fechado quanto aos aspectos pessoais, mas muito transparente quanto ao que está sentindo em relação ao trabalho. Algumas pessoas o classificam como teimoso, pois é bastante persistente em suas ideias e, muitas vezes, não se preocupa em alinhá-las com os demais. Preocupa-se em estar sempre atualizado. Vibra com novas tecnologias e ideias. Busca aplicá-las no trabalho e consegue bons resultados com isso. Relaciona-se bem com todos na equipe. É ele que costuma organizar o churrasco periódico do grupo e aparentemente gosta disso. É considerado como uma pessoa de extrema confiança pelo Alberto, que sabe que pode contar com ele para novos desafios. Atualmente é um analista pleno, mas Alberto está pleiteando sua promoção para sênior. Marcelo almoça sempre com a Mariko, Mitiko, Denise e Osvaldo. Eles formam como se fosse uma equipe à parte.

Valdomiro: Formado em Administração de Empresas, Valdomiro é uma pessoa fechada, séria e distante. Sua carreira sempre foi nas áreas de Sistemas, tendo evoluído das antigas áreas de produção dos grandes CPDs até chegar a analista sênior, cargo que ocupa há 5 anos. Tem 48 anos e está atuando no mesmo sistema faz pelo menos 7 anos. Está completamente acomodado a sua posição e não anseia nem vislumbra promoção a curto prazo. Assegura sua comodidade com o conhecimento técnico que adquiriu, o que o torna praticamente imprescindível, pois o sistema de que ele cuida, apesar de já implantado, precisa de constantes intervenções para que se mantenha íntegro. Dispõe de credibilidade técnica com os usuários, mas também tem fama de reclamar demais e de dizer que muitas coisas não podem ser feitas. Resiste a mudanças que são solicitadas e à introdução de novidades em seu sistema. Encontra sempre boas explicações técnicas e altos riscos para não fazer as mudanças. É introvertido e tem dificuldades de comunicação, talvez por isso fale muito pouco e viva no seu próprio canto. Às vezes gagueja e, muitas vezes, fala para dentro com uma dicção incompreensível. É fisicamente grande, corpulento e simpático. Frequenta muito pouco os churrascos que o grupo promove e está sempre evitando almoçar com a turma.

Suzuki: Foi formado na prática, seguindo a carreira de programador até atingir o cargo atual de analista pleno. Trabalha com o Valdomiro e também é a única pessoa com quem se relaciona melhor. Tem o perfil muito semelhante ao do Valdomiro, com o agravante de ser ainda mais introvertido, talvez por sua origem oriental. Como um japonês típico, é baixo e magro, tem 44 anos. Suzuki, além de tudo, é um pessimista. É comum ouvirmos: "isso não vai dar certo", "está tudo indo muito mal" etc. Tem origem humilde, e apesar de não ter dificuldades de comunicação, como o Valdomiro, sua forma de se expressar é bastante simplória e nada sofisticada. É irritadiço, nervoso e muito, muito ansioso. Morre na véspera se tiver que conversar com um diretor importante, o que praticamente inviabiliza sua progressão na carreira. É um reclamador profissional. É difícil vê-lo satisfeito com alguma coisa. Na parte técnica ele se sai bem, mas tende a levar os assuntos para o campo que mais domina, ou seja, principalmente programação e bancos de dados nas linguagens que ele conhece. Não move uma palha para ajudar os demais, mas por vezes solicita ajuda do Valdomiro, que é mais experiente do que ele.

Mariko: Tem formação em Administração de Empresas. É uma pessoa de bem com a vida, sempre muito bem-humorada. Relaciona-se bem com a empresa inteira. Falante, extrovertida, não tem nada a ver com sua origem e aparência japonesa. Possui uma energia invejável, ataca e antecipa-se aos problemas. É muito proativa e compromissada. Adora desafios e está sempre pronta para eles. Estudiosa e disciplinada, destaca-se no grupo e na empresa. Dedica-se apaixonadamente às causas e morre por elas. Está sempre disposta a ajudar os demais e encontra tempo para isso. Não reclama e é otimista, isso provoca um pouco de inveja no grupo, pois Alberto apoia-se muito nela para a resolução de problemas e novos projetos. Tem poucos anos de formada e a parte técnica não é a sua área mais forte, mas aprende rápido tudo o que for preciso para realizar seus projetos. Atualmente ocupa o cargo de analista plena.

Carlos: Formado em Administração, Carlos é um dos maiores problemas para Alberto. É um analista sênior já faz 6 anos, mas não evoluiu com o tempo. Conhece as mesmas coisas e utiliza as mesmas ferramentas que sempre usou. É muito rápido e consegue implementar soluções de forma bastante ágil. O problema é que as soluções no final acabam trazendo muito mais dores de cabeça do que o próprio problema inicial. Vive absolutamente só em seu mundo e não escuta ninguém. Está sempre sozinho e prefere que seja assim. Também nunca pede ajuda ou esclarecimentos maiores. Toma decisões sem consultar os companheiros, as quais acabam comprometendo o trabalho dos demais. Fala pouco, sempre monossilábico, e comunica-se mal. É o mais velho do grupo e tem 50 anos, magro e com os cabelos grisalhos. Apesar da idade, comporta-se de forma imatura no ambiente profissional. Conhece tecnicamente bastante o ambiente dos sistemas. É inteligente e rápido no pensamento.

Osvaldo: É uma figura pitoresca. Extremamente culto e com um conhecimento técnico invejável, o Osvaldo é um pensador. Muito inteligente e simpático, está sempre estudando e ávido por aprender. É também um perfeccionista. Busca sempre o ótimo e muitas vezes isso acaba provocando atrasos de cronograma e a não realização de ideias. Relaciona-se bem com todos e procura ajudar quando é solicitado. Às vezes tem a paciência curta e perde seu bom humor característico, mas as broncas acabam sempre em pizza. Sua opinião é muito ouvida pelo grupo e ele acaba sendo respeitado. Com seus 49 anos, ele demonstra ter muito menos que isso, quer seja pela aparência quer seja pela energia. É analista consultor e braço direito do Alberto. Ambos discutem muito e muitas vezes não concordam com os direcionamentos, mas se respeitam e confiam um no outro incondicionalmente. Osvaldo foi contratado pelo Alberto e veio do mercado para a empresa.

Mitiko: É a caçulinha da equipe. Começou como estagiária e foi efetivada após ter se formado. Cabeça brilhante e muita disposição, mas ainda sem experiência prática. Introvertida, mas muito simpática. Entrosa-se bem com todo o mundo. Assumiu a Mariko como sua tutora e procura seguir seus passos. Talvez pela pouca idade e experiência, ela é pouco ousada e assume poucos riscos. Muito solícita para tudo, procura estar sempre disponível. Sua formação permite que ela atue tanto no campo técnico como no campo conceitual.

Alberto sabe que o time pode render muito mais, mas não sabe como proceder, pois já tem feito todo o possível para impulsionar cada um. Às vezes tem vontade de demitir os resistentes e ficar somente com os favoráveis, mas os resistentes possuem grande conhecimento técnico e a área ficaria extremamente vulnerável sem eles.

A seguir abordaremos uma série de ferramentas que ajudam o líder a analisar e tratar os aspectos coletivos ligados aos seus liderados e aproveitaremos para aplicar essas ferramentas ao caso do Alberto.

Conhecendo melhor a sua equipe

Liderar equipes de qualquer nível representa sempre um desafio. Embora os conceitos envolvidos sejam razoavelmente simples, sua implementação prática mostra-se bastante complexa, pois passa por relacionamento entre pessoas que sempre demonstram individualidades e contextos próprios.

A seguir descreveremos algumas ferramentas que podem auxiliá-lo muito na construção de um diagnóstico de como evoluir com o time. As quatro matrizes de análise são as seguintes:

- armadilhas em que caem as equipes;
- evolução da maturidade da equipe;
- análise da toxidade do seu time;
- humor, amor e significado.

Quando você as utilizar, o resultado não será apenas o reconhecimento das características da equipe, mas também estarão sendo revelados alguns pontos positivos e negativos do seu estilo de gestão, uma vez que a equipe é considerada um reflexo da sua atuação como líder. Os *gaps* de sua equipe podem ser lidos como *gaps* do próprio gestor que deixou que tais problemas acontecessem.

Toda metodologia tem seus pontos fortes e fracos. Por isso, sempre que possível, seria importante não ficar restrito a uma única forma de análise. A metodologia proposta, porém, possui a vantagem de não exigir da pessoa que a utiliza um conhecimento especializado sobre comportamento humano. Sua aplicação é razoavelmente simples. Colocando os mapas na parede, você cruza as matrizes e consegue enxergar o seu grupo como um todo. Uma fotografia muito boa e útil para um gestor que quer desenvolver sua equipe.

Alguns cuidados:

• Como todo modelo, é uma simplificação que pode não explicar tudo.

• Use o método como uma ferramenta, um instrumento. São os seus óculos. Não é um fim em si mesmo.

• Não crie rótulos. Eles engessam sua percepção sobre as pessoas, criando preconceitos que, muitas vezes, distorcem a visão da realidade. As pessoas não são problemas. Elas estão com problemas hoje. Podem vir a não estar no futuro, principalmente com a ajuda do gestor.

As armadilhas em que caem as equipes

Patrick Lencioni, em seu livro *The five Disfunctions of a Team* (As cinco disfunções de um time), mostra-nos pistas muito interessantes, as quais, após algumas adaptações e complementos, mostramos a seguir.

Segundo o autor, existem cinco armadilhas que os times de topo normalmente caem e que acabam gerando resultados insuficientes. Não é raro vermos equipes de altíssimo gabarito, formadas por talentosos participantes e com real vontade de fazer as coisas acontecerem, naufragarem impiedosamente em resultados inferiores. Notem que nem sempre são desastres, mas são inevitavelmente resultados incompatíveis com o perfil esperado desses fortes grupos.

O desenho abaixo mostra nossa adaptação das cinco armadilhas, chamadas de disfunções por Lencioni.

Primeira armadilha: falta de confiança

Essa armadilha está em primeiro lugar de forma absolutamente proposital, pois dela derivam as demais. Ela é como se fosse uma causa raiz de um grande problema e dela derivam diversos efeitos colaterais.

A confiança é uma palavra básica em qualquer relacionamento humano. Seu uso indiscriminado tem deturpado seu significado.

Confiança é a crença de que as pessoas de quem dependemos irão cumprir com nossas expectativas

Portanto, confiar é acreditar em primeiro lugar, é crer para ver, é uma atitude doadora que significa vulnerabilidade. Sim, pois se dependemos de nossos chefes, de nossos pares ou de nossos subordinados para que uma série de coisas aconteça, estaremos altamente vulneráveis ao que eles possam produzir. Quando dependemos de alguém, mas não confiamos nessa pessoa, precisaremos inserir controle na relação para que o nível de risco seja aceitável. Quanto maior o controle, maior a falta de confiança nas relações. Quanto maior o controle, maior o trabalho desnecessário, menor o *empowerment* dos envolvidos, maior a sonegação de informações, maior o distanciamento das pessoas e, por fim, um resultado muitas vezes satisfatório, mas muito aquém do surpreendente. Costumamos chamar isso de desempenho adaptado, ou seja, aquele que não vai além do que a situação de alto controle pode produzir.

Toti Loriggio – Passei por uma situação em que eu tinha uma secretária compartilhada com outros gestores com sinais de negligência quanto a alguns pedidos que eu havia feito recentemente. Tive de viajar com urgência e precisava que alguns relatórios fossem impressos. Enviei os relatórios por e-mail e solicitei-lhe que os imprimisse e os colocasse em um envelope na portaria, pois eu não teria tempo nem mesmo para entrar na empresa, pois precisava fazer as malas e ir ao aeroporto. Enquanto fazia as malas, eu pensava se estava tudo ok dentro daquele envelope. Meu grau de confiança era muito baixo e fui checar o conteúdo. Não foi surpresa verificar que faltava metade dos relatórios que eu havia solicitado. Às pressas, em uma impressora não adequada, terminei de imprimir os relatórios. Fiquei atrasado e estressado com o voo e tudo mais. Minha vontade foi ligar para ela do aeroporto e dar uma bronca, pois precisava extravasar. Mas, antes de ligar, me veio a clareza de que a bronca não iria resolver nada, pois eu estava com sinais claros de falta de confiança. Segurei a irritação e resolvi marcar uma conversa face a face com ela sobre o que vinha ocorrendo no meu retorno ao escritório. Comecei falando que o fato de eu ter checado o envelope mostrava que estava sem confiança, pois já haviam ocorrido outros problemas anteriormente. Perguntei o que estava ocorrendo e ela confessou que estava muito apurada com a demanda de outro colega que colocava muita pressão sobre ela e que, com isso, ela tratava minhas solicitações como menos importantes, mas que isso não justificava o ocorrido. Concordamos que para funcionar a relação era preciso confiança e que dali por diante eu simbolicamente não abriria nunca mais os envelopes antes e que confiaria em tudo o que ela fizesse, mas que para isso ela precisaria me garantir que estaria dando prioridade aos meus assuntos. Também combinamos que, se acontecesse um só caso de displicência da parte dela, as consequências seriam muito sérias e que qualquer falha dela representaria uma falha minha também e uma situação de risco compartilhado. Foi uma das conversas mais duras que já tive, mas também uma das melhores. Nunca mais tive problemas. A falta de confiança não deve ser resolvida com controle, mas com o resgate da confiança.

O líder precisa sair na frente em termos de confiança e mostrar que confiar faz toda a diferença. Em um de nossos cursos um dos líderes contou, com certa vergonha, que teve um estagiário cujo trabalho era preparar e entregar um relatório sobre o desempenho em vendas de certo produto. O líder que contava o caso então o ensinou a fazer o relatório no primeiro mês, e, ao recebê-lo, checou todo ele e estava tudo ok. No segundo mês, ele verificou também e estava tudo certo. E assim foi até o décimo mês, em que o estagiário pediu para falar com ele.

– Eu queria lhe pedir uma coisa.

– Sim, pode falar.

– Queria que você não checasse o próximo relatório, faz 10 meses que estou aqui e eu já fiz 10 relatórios certos. Eu queria lhe dizer que eu sei fazer e garanto que vou fazer certo.

O rapaz estava dizendo para seu chefe: "confie em mim". Foi um tapa na cara com luva de pelica.

Precisamos também lembrar que um dos ingredientes da definição de confiança é a nossa expectativa. Queremos crer que as pessoas de quem dependemos irão cumprir com aquilo que esperamos, mas nem sempre o que esperamos está absolutamente claro. Daí acontecerem situações de baixa confiança por falta de clareza daquilo que se espera da relação de dependência.

A confiança está lastreada em três pilares básicos:

• resultados;

• demonstrar preocupação;

• integridade.

Não existe relação de confiança que resista a resultados insuficientes. Se você deixou clara a sua expectativa em uma relação e ela não se concretizou, pode ter certeza de que a confiança foi abalada, exceto quando os motivos são totalmente alheios ao esforço dos envolvidos. Resultado é premissa para que a confiança se instale em qualquer nível.

O segundo pilar é a preocupação que precisa ser demonstrada com a relação. Quando dependo de alguém, preciso sentir que o risco que estou correndo está sendo tratado com a devida atenção e cuidado. Quando demonstro que estou preocupado com alguém que depende de mim e mostro todo o esforço que farei para cumprir com as suas expectativas, cria-se um elo de segurança que sustenta a relação de confiança. Isso significa que precisamos demonstrar o quanto consideramos importante o que fazemos para aquelas pessoas que dependem de nós. Note que isso vale para relações verticais e horizontais em um time.

> **Toti Loriggio** – Pude sentir na pele o que significa preocupação e como a falta dela debilita a confiança numa relação quando fui acompanhar minha esposa em uma cirurgia de joanetes. Apesar de ser um problema pequeno, o joanete é um desalinhamento do dedão do pé que pode causar muita dor ao paciente, e minha mulher precisava de correção em ambos os pés. É uma cirurgia ortopédica com anestesia geral e necessita inclusive da colocação de um parafuso. Como acompanhante, eu estava preocupado e apreensivo no quarto aguardando notícias, quando recebo uma ligação da sala de cirurgia. Era o ortopedista comentando: "está tudo bem... ela está anestesiada e sedada e, portanto, não consigo conversar mais com ela e preciso saber se vamos operar um ou os dois pés". A falta de preocupação do médico torna a nossa preocupação muito maior. Isso nunca deveria ser um assunto a ser combinado entre acompanhante e médico com o paciente já sedado. Essa atitude corroeu boa parte da confiança que eu tinha

no médico e quase interrompi a cirurgia naquele momento. A preocupação mostra que estamos ligados e cuidando do assunto. Isso gera a despreocupação na outra parte e com isso a sensação de confiança.

O terceiro pilar é a integridade, uma palavra ampla, e a decompomos em:

- ética;
- honestidade;
- consistência;
- responsabilidade.

Sobre **ética** e **honestidade** não precisamos falar nada. O senso comum já demonstra que não se consegue confiança quando não há ética e honestidade presentes.

Em um navio de guerra, um oficial pede ao marujo que desmonte o canhão para limpeza e que o monte novamente. Ao realizar a tarefa, sem perceber que estava sendo observado de longe, o marujo, ao verificar que sobraram algumas peças do canhão na hora da remontagem, discretamente as atira no mar, achando que ninguém viu. Esse tipo de falta de ética e honestidade rompe a confiança completamente. Por muito pouco o oficial não jogou o marujo ao mar também. Não há a mínima chance de a confiança existir quando há traços de conduta não ética.

Quanto à **honestidade**, certa vez, em entrevista com um liderado, perguntei se ele confiava no gestor. Em geral, só de ter que perguntar isso e a frase não aparecer nas entrelinhas de uma conversa já é um sinal de perigo na relação entre líder e liderado. A resposta foi que não, porque o líder havia mentido para ele. Investigando mais o caso, soube que o gestor, quando o contratou, havia falado coisas muito importantes sobre carreira e autodesenvolvimento e que ele, por exemplo, passava todas as suas férias trabalhando em uma consultoria no exterior de graça, pois era o momento em que ele se recarregava como executivo e aprendia. O liderado havia insistido e perguntado se ele fazia isso todas as férias e durante o mês todo. Sem hesitação, ele havia confirmado que sim. O liderado saiu inspirado por um líder tão esforçado e que dedicava tanta energia ao aprendizado, até com sentimento de culpa de ser tão relapso quanto a sua própria carreira. Mas a vida continuou e chegou o período de férias do líder. No retorno, o liderado foi logo perguntar como tinham sido as férias, esperando que ele trouxesse grandes experiências e aprendizado para o grupo, mas... ele comentou sobre um mês inteiro de férias no Nordeste, sol, praia, caipirinha e nadinha de aprendizado. O liderado nada falou, mas essa mentirinha foi suficiente para romper qualquer possibilidade de confiança. Quem mente quanto a isso pode mentir com qualquer coisa. A inspiração foi a zero e o resultado, péssimo. O líder estava com boa intenção quando tentava inspirar o liderado, mas apelou para algo que não tinha, e esse foi seu erro fatal.

A **consistência** exige que reflitamos um pouco. As pessoas reagem fortemente à falta dela. Existem várias formas de demonstrar consistência. Uma delas é falar aquilo que pensamos. Outra é fazer aquilo que falamos. Outra ainda é fazer o que falamos em diversas situações. Essa coerência atrai a confiança de quem nos cerca e traz credibilidade à relação.

Já a **responsabilidade** é algo que, quando falta, impacta diretamente na integridade e, consequentemente, na confiança. Temos visto times conviverem bem com a falta de responsabilidade entre seus membros. Sob a nossa ótica, a falta de responsabilidade é algo tão grave quanto rupturas de ética e de honestidade e deveríamos tratar essas faltas com os mesmos padrões de gestão de consequência para que os envolvidos percebam o quão graves elas são.

Voltando aos três pilares da confiança – resultado, preocupação e integridade –, notamos que a falta de confiança da armadilha em questão está localizada em falhas na obtenção de resultados, preocupações não demonstradas ou faltas de integridade, de forma conjunta ou separada. Basta que um dos pilares esteja quebrado para que a estrutura não se sustente.

É função do líder desenvolver a confiança em seu time, bem como resgatá-la quando em falta. O time com alta confiança é mais vulnerável, pois as pessoas dependem umas das outras, mas ele vai além em desempenho. O time com altos níveis de confiança instalada conhece as fraquezas mútuas e com isso é extremamente vulnerável. Mas substitui essa vulnerabilidade por um senso de compromisso mútuo que elimina as consequências negativas da vulnerabilidade. O líder deve sair na frente mostrando-se vulnerável e conquistando o espaço de confiança nos liderados.

As pessoas da equipe que demonstram altos níveis de confiança se comportam desta maneira:

• pedem ajuda;

• aceitam sugestões externas às suas áreas de atuação;

• admitem fraquezas e erros;

• fornecem o benefício da dúvida antes de chegarem a conclusões negativas entre os participantes;

• empregam energia nos assuntos importantes e não em politicagem interna;

• cumprem as expectativas uns dos outros e, quando isso não acontece, o ocorrido é avisado com antecedência;

- apreciam mutuamente as experiências e competências compartilhadas no grupo e gostam de estar juntos;
- demonstram preocupação com os outros e tomam riscos por eles, oferecendo ajuda e *feedback*;
- conhecem a vida pessoal uns dos outros e sentem-se à vontade em discutir isso.

A confiança não é adquirida da noite para o dia e requer que o grupo despenda tempo junto e que efetivamente abra suas vulnerabilidades. O líder, ao fazer esse caminho, poderá enfrentar grandes dificuldades como a perda de pessoas importantes que não estão dispostas ao processo, mas isso não deve ser um obstáculo para que ele atinja resultados superiores.

Segunda armadilha: aversão a conflito

A armadilha anterior – a falta de confiança – é provavelmente a grande responsável por esta segunda armadilha. É natural que em times em que falta confiança as pessoas tenham menor abertura entre elas e que, com isso, os conflitos tendam a não emergir. O conflito traz tensão e dificuldade de relacionamento, incomoda e exige que saiamos de nossas posições confortáveis. Exige mais energia, mais entrega e disposição para rever conceitos e ideias. Portanto, sem confiança toda essa exposição torna-se muito difícil ou superficial. O conflito na verdade é um tabu que, por mais que enfatizemos sua utilidade, nunca será algo naturalmente praticado pelas pessoas. Precisamos diferenciar o conflito construtivo do predatório. O conflito construtivo foca em ideias e conceitos e visa à obtenção de soluções melhores com consequências mais bem-pensadas, economizando tempo e energia. O conflito predatório é baseado nas pessoas e suas diferenças: ao invés de se discutirem ideias, discutem-se as diferenças pessoais.

O conflito é importante, pois faz com que as diferenças de percepções ou até mesmo de comportamentos apareçam e não fiquem guardadas. Costumamos dizer que as coisas guardadas acabam estragando. É preciso que as diferenças apareçam para que sejam tratadas e vencidas. Caso contrário, muitas vezes, elas vão parar nos corredores, causando ainda mais falta de confiança entre os participantes do time.

Há duas grandes desculpas para se evitar o conflito. A primeira é que as pessoas comentam que evitam conflitos para não "machucarem" os participantes do time. Ora, tudo é uma questão de como se falar as coisas. Claro que existem coisas que precisam ser ditas nas horas adequadas e usando-se palavras e contexto adequados. Não creio que essa seja uma boa desculpa, uma vez que o conflito acaba machucando muito mais quando é discutido nos corredores. A segunda grande desculpa é uma aparente perda de eficiência do grupo em se discutir muitas coisas. Conforme falamos, o conflito deveria abreviar tempo para que se consigam soluções mais adequadas. O importante é não confundir conflito com discussão infindável. Aí entra o papel do líder em saber a hora de deixar as pessoas conflitarem e a de fechar o assunto e tomar uma decisão. Conflito não é um debate sem fim.

Algumas vezes o líder, com as melhores das intenções, interrompe prematuramente discussões importantes com receio de que as pessoas envolvidas se machuquem no processo. Esse tipo de atitude não ajuda em nada e só piora a situação, que ficará mal ou não resolvida. O próprio grupo precisa amadurecer em suas relações pessoais para que não fique ofendido por qualquer observação contrária. O grupo que conflita sadiamente consegue desenvolver uma armadura protetora que evita que qualquer coisa machuque e assim progride muito mais facilmente para a alta *performance*. Mesmo sendo difícil, o líder precisa encaminhar o grupo para essa maturidade e, de vez em quando, deixar alguém apanhar um pouco para ir criando a tal armadura mencionada.

Pessoas demonstram que não têm receio do conflito quando:

• extraem e exploram as ideias de todos os participantes, não deixando pessoas à parte;

• resolvem problemas rapidamente e, objetivamente, conseguem convergir sem disputas pessoais apaixonadas;

• minimizam a politicagem interna;

• priorizam os pontos críticos, e mesmo os pontos mais difíceis são discutidos;

• realizam reuniões interessantes e cheias de energia.

Um de nossos clientes implementou uma nova estrutura matricial e nomeou um novo grupo de comando que precisava atuar em grande alinhamento para que as coisas funcionassem. Eram 16 pessoas ligadas a um presidente que não dispunha de tempo para gerenciar os conflitos e pequenas situações entre seus diretos. A nova estrutura exigiria grande maturidade do grupo para funcionar. A cultura da empresa era de aversão a conflitos. Quando frente a frente, as pessoas nunca discutiam e eram bastante polidas. Nos corredores, as coisas eram faladas de forma velada. Com isso os problemas não se resolviam e fomos chamados para ajudar o grupo a evoluir. Utilizamos a ideia de que cada área preenchesse uma matriz dizendo o que esperava das demais áreas, focando principalmente naquilo que não vêm conseguindo com a nova estrutura. Para organizar, definimos que a dinâmica a ser seguida seria de que uma pessoa de cada vez enumeraria as demandas para as outras 15 áreas.

Às demais áreas caberia tomar nota das expectativas e, na sua hora de falar, retomar essas expectativas. Em 4 horas de reunião, quase nada foi falado. Todos seguraram seus incômodos e mediram as palavras sem efetivamente ter coragem para revelar os problemas. Após 4 horas, um dos participantes, o mais experiente e inconformado, levantou-se fora de ordem e comentou: "Se está tudo bem, então eu vou embora. Não há necessidade de estarmos aqui. Se estamos aqui hoje é porque temos problemas e, se temos problemas, precisamos falar. Tenho ouvido suas choradeiras pelos corredores há meses". E começou falando mais duramente de seus problemas com a área de suprimentos, que logo foi seguida de mais 3 diretores, reforçando seus pontos. A reunião pegou fogo e foi muito difícil, mas uma das melhores que já presenciei. Houve grandes evoluções como time. Muitos saíram incomodados, mas sem esse tipo de conflito positivo e pressão entre pares as coisas não se resolvem e o desempenho continuará medíocre.

Terceira armadilha: falta de comprometimento

Fica claro que um eventual receio de conflitar leva à falta de comprometimento. Quando as coisas não são discutidas e debatidas adequadamente, acabamos não nos comprometendo profundamente com elas. A discussão e o conflito trazem a adesão e compra das ideias e decisões por parte do time.

Entretanto, nunca vimos pessoas de um time admitirem voluntariamente que não têm compromisso. Se perguntarmos às pessoas, elas próprias sempre são 100% compromissadas. Então, qual é o problema, podemos perguntar. Elas responderão: "são os outros". Esses "outros" então, que nunca somos nós, é que têm problemas sérios de comprometimento.

Uma das outras causas para a falta de comprometimento é a eterna busca pelo consenso. Alguém uma vez disse: "O consenso é burro". Essa frase tem seu fundo de verdade. Quando todos concordam não existe debate e com isso as decisões não evoluem. Não é preciso que se obtenha consenso de tudo para que as decisões sejam tomadas com alto comprometimento. Muitas vezes discutimos, discutimos e não chegamos a consenso algum. O importante é que o grupo esteja disposto a consentir com a decisão final tomada. Isso é ter comprometimento com o grupo. Mesmo sendo voto vencido no grupo, eu vou sustentar a decisão como se ela fosse minha. Ainda assim, posso continuar não concordando com ela no plano do pensamento, mas preciso estar fechado absolutamente com ela no plano das ações e da comunicação com as demais pessoas da empresa. Caso contrário, estaremos passando mensagens ambíguas e contraditórias que não ajudam em nada. Mesmo não tendo "ganhado" certa discussão, eu preciso me sentir ouvido e que minha opinião foi levada em consideração na tomada de decisão final, que em última instância recai na mão do líder. Portanto, boa parte de se conseguir esse comprometimento está em sua mão, fazendo as pessoas se sentirem ouvidas e garantindo que todos consentem e comprem as decisões tomadas.

Outro ponto que gera a falta de comprometimento é a tendência a se querer ter certeza de tudo antes de se decidir. Decidir é fazer uma escolha antecipando o futuro. O futuro é incerto, como consequência as decisões são sempre incertas e arriscadas. No fundo, as pessoas não compram as decisões tomadas, pois têm aversão ao risco envolvido. Se essas mesmas pessoas discutissem mais abertamente os riscos que estão ou não dispostas a assumir, a decisão convergirá mais facilmente e elas comprarão melhor as decisões tomadas. Em geral, procrastinar as decisões não modifica seu risco nem reduz as incertezas. O risco muitas vezes é inevitável e, ao invés de discuti-lo, ficamos na famosa *analysis paralysis*, ou seja, a paralisia da análise.

O efeito da falta de comprometimento sobre os demais funcionários da empresa é enorme. Grande falta de uniformidade de ações pode ser esperada quando um diretor fala que uma coisa foi decidida, mas que ele, diretor, não concorda e foi voto vencido. Ele fala que não comprou a ideia para seus subordinados. O que podemos esperar de ação por parte deles?

A terceira forma de falta de compromisso vem com uma pseudocerteza de que um participante do time fala que fez a sua parte. Esse é o que chamamos de comportamento *over the fence*, ou seja, faço a minha parte, sem a mínima interação com as demais áreas interdependentes, e jogo o produto **por cima do muro** da outra área sem nenhuma preocupação com o que irá ocorrer. É um pseudocomprometimento, porque esse participante se isenta de qualquer outro compromisso, desde que a sua parte esteja realizada. Na verdade, o real compromisso tem de ser com o resultado final e nunca com as partes.

Pessoas que demonstram compromisso comportam-se da seguinte forma:

- lutam por clareza e divulgam o direcionamento e as prioridades;

- buscam alinhamento do time em torno dos mesmos objetivos;

- desenvolvem habilidade de perceber rapidamente quando as decisões foram erradas, mudam rapidamente e aprendem com elas;

- são rápidas e não hesitam nos processos decisórios e se aproveitam de oportunidades que se apresentam devido a essa velocidade;
- conhecem o trabalho dos pares e sabem como contribuir e argumentar com eles;
- preocupam-se com o resultado final e não apenas com sua parte;
- as reuniões terminam com os participantes tendo certeza do comprometimento comum e com ações claras do que necessita ser realizado e comunicado.

Estávamos trabalhando com uma equipe de uma multinacional em que os participantes ficavam locados em diversos países ao redor do mundo. Os participantes dessa equipe respondiam a um vice-presidente mundial de recursos humanos, mas também aos CEOs de seus países de forma matricial. A distância e a estrutura matricial começaram a tornar o comportamento do time notadamente disfuncional a ponto de sermos chamados para auxiliar na evolução desse time. A distância atrapalhava muito, pois cada um cuidava de sua vida de forma a minimizar as interações com os demais e isso não facilitava a geração de confiança entre as pessoas. Por mais que o vice-presidente se esforçasse, cada um procurava suas explicações para não interagir e os projetos avançavam de forma lenta e difícil.

Em nossas intervenções sugerimos que cada um deveria assumir o compromisso de conversar mais, trocar ideias, participar mais ativamente entre as áreas. Também sugerimos que fossem formados grupos de trabalho entre pessoas de países diferentes, de forma a forçar um pouco o cruzamento entre as áreas. Com isso foram criados grupos de redes sociais e as conversas começaram a fluir, inicialmente de forma tímida com parabéns para os aniversariantes, mas depois os assuntos importantes começaram a ser tratados de forma cruzada. Uma das pessoas em especial continuou alheia a essas iniciativas. Continuou trabalhando de forma isolada. Essa pessoa já apresentava um comportamento resistente, muito embora cuidasse de sua parte com muito empenho e dedicação. Mas, na prática, trabalhava isolada e despreocupada com os demais. Quando indaguei por que ela não estava interagindo, comentou que não tinha tempo. Ora, tempo ninguém nunca tem. Quando falamos de compromisso, precisamos querer fazer diferente antes de tudo. Para mim essa foi uma afirmação que nos deu certeza de que essa pessoa não queria efetivamente fazer parte do time. Com o passar dos meses ela acabou se desligando, e com isso o time começou a voar baixo.

Quarta armadilha: falta de coragem para responsabilização

As pessoas de um time, em geral, evitam se responsabilizar mutuamente pelas baixas *performances*. A não ser quando estão em plena confrontação e, com isso, perdem o respeito pelos demais componentes da equipe. Esse comportamento tem muita ligação com a terceira armadilha – a falta de compromisso. Isso ocorre quando as pessoas não compram as decisões e a responsabilização fica frouxa. Sendo assim, ninguém se sente responsável por nada e sobra a interpretação sobre a responsabilização para o líder fazer e tomar as ações necessárias.

O conceito dessa armadilha está ligado ao fato de que, em geral, sobra somente para o gestor cobrar a responsabilidade pelo bom andamento da equipe e pela obtenção de resultados.

Os participantes do time ocupam a confortável posição de esperar que o líder exerça esse papel chato. Na verdade, os próprios pares deveriam também assumir esse papel, pois a equipe como um todo sofre quando alguém não está cumprindo aquilo que foi combinado. Isso não acontece pelo desconforto pessoal que surge entre os pares no momento em que existe uma cobrança lateral. São conversas muito mais difíceis e desconfortáveis, mais conflituosas e com possíveis impactos em relacionamento. Mas, como vimos anteriormente, o grupo precisa estar maduro para fazer e sofrer tais tipos de cobrança, não deixando todo esse encargo unicamente para o líder. Uma equipe de alto desempenho não necessita do líder para realizar esse papel. Na verdade, a cobrança entre pares (o termo em inglês é *peer pressure*, pressão entre pares) é até mais eficaz e estica os padrões de desempenho, pois os entendimentos acontecem no mesmo nível, sem peso da hierarquia presente. Pares devem estar sempre prontos a demonstrar suas expectativas e falar quando elas não foram atingidas.

O papel do líder nesse caso é deixar claro também para o grupo o que espera do relacionamento lateral e incentivar que as cobranças aconteçam entre clientes e fornecedores internos principalmente, mas que qualquer um incomodado com a *performance* de outra área tem a obrigação de estar alertando e ajudando no sentido de elevar o resultado. Se o líder considerar sua prerrogativa, a responsabilização pelo resultado estará infantilizando a relação com sua equipe e caindo na quarta armadilha.

Grupos que não evitam a responsabilização demonstram as seguintes atitudes:

- garantem que *performances* inferiores sofrerão pressão para melhorar;

- não hesitam em se questionarem para a identificação de problemas;
- criam um respeito mútuo e admiração pela alta *performance*;
- evitam burocracia na gestão de *performance* e ações corretivas, e a tratam de maneira mais informal;
- possuem baixa tolerância com baixas *performances*;
- desafiam-se mutuamente quanto a planos e abordagens;
- evitam a todo custo passar para o líder superior questões de cobrança interáreas.

Quinta armadilha: conformismo em relação ao resultado coletivo

A falta de responsabilização lateral leva os participantes da equipe a pensar somente em suas próprias áreas, voltando suas atenções às necessidades próprias, formando os famosos feudos, silos ou castelos como gostamos de chamar as áreas que somente olham para o próprio umbigo.

Na realidade, é muito mais cômodo para qualquer um cuidar somente de sua *performance* e focar nas suas tarefas específicas, esquecendo o mundo externo. Dessa forma, cria-se uma redoma de vidro ao redor da área, protegendo-a de todos os ataques externos.

As equipes precisam estar atentas a resultados amplos e coletivos e não apenas a suas metas individuais. Quando as empresas colocam ênfase apenas em resultados individuais em suas políticas de bonificação, estão aumentando essa tendência.

Como resultado as equipes acabam levando todo o esforço de gestão pensando em seu próprio benefício e nos polpudos bônus que um excelente desempenho individual pode trazer. Mas desempenhos individuais soberbos podem trazer resultados globais catastróficos que deixam a vida do líder um verdadeiro inferno.

Esse tipo de armadilha leva a equipe a posições egocêntricas e a preocupações mesquinhas com carreiras e egos que não cabem nas salas que ocupam.

Os interesses coletivos precisam estar acima dos interesses individuais e isso precisa estar claro e pactuado com todos os elementos do time. Não que não haja espaço para crescimento pessoal e de carreira, mas isso precisa estar subordinado ao coletivo e não concorrendo com ele.

O líder precisa ser muito firme com relação a esse conceito e não permitir que sua equipe queime em uma fogueira de vaidades, deixando assim o resultado de uma equipe competente escapar por entre os dedos.

Quando esse comportamento aparecer, ele precisa ser denunciado e tratado, esclarecendo-se as metas abrangentes do time e subordinando a premiação em primeira instância a elas.

Um time que enxerga resultado coletivo o demonstra através das seguintes atitudes:

• denuncia e minimiza atitudes individualistas;

• aproveita o sucesso e sofre agudamente com as falhas;

• consegue reter funcionários orientados a resultados coletivos;

• possui indivíduos que subordinam interesses individuais a interesses coletivos;

• pessoas do time são lentas em buscar crédito por suas contribuições pessoais, mas rápidas ao apontar contribuições de outros;

- fala-se mais do time do que dos indivíduos (mais "nós" e menos "eu").

As cinco armadilhas e o caso do Alberto

Analisando o caso do Alberto através das cinco armadilhas, podemos entender que:

Falta de confiança – Não percebemos que esta era uma questão muito importante para o Alberto. Ao descrever o time, ele não demonstra desconforto quanto à falta de resultados ou a excesso de controle para não ser surpreendido. Pelo contrário, sempre reforça que tem muita confiança no time, especialmente nas questões técnicas e de preparo do grupo.

Aversão a conflito – Também não entendemos que este seja um ponto de problema enfrentado pelo Alberto. Ele até tem enfrentado dificuldades nas reuniões, pois o time tem discordado de suas posições e também entre eles. Portanto, a equipe não parece estar sofrendo desta armadilha em especial.

Falta de compromisso – Aqui começamos a notar que a equipe se comporta de forma muito isolada. Cada um fazendo a sua parte, mas os problemas caem entre as partes e ficam sem dono, sobrando muita coisa para o Alberto. Se o grupo fosse colocado a refletir sobre essa armadilha, chegaria a uma conclusão de que cada um precisa fazer um pouco mais do que sua parte. O *mindset* do grupo precisa mudar de um pensamento exclusivamente local para um pensamento voltado para a área como um todo. Somente com esse novo pensamento a área conseguiria evoluir.

Falta de coragem – Nota-se que sobra tudo para o Alberto e que as pessoas não estão se cobrando mutuamente para que o desempenho evolua. Eles estão simplesmente falando: "estou fazendo a minha parte". Claro que, para que esse problema evolua, é preciso antes fazer o item anterior andar.

Conformismo – Todos estão absolutamente conformados com o resultado obtido. O único inconformado é o Alberto. Novamente esta armadilha decorre do problema focado na falta de compromisso.

Note que, ao usarmos a ferramenta das cinco armadilhas, descobrimos que, neste caso, precisamos focar apenas um item para que a equipe avance. Se o grupo conseguir perceber o que pode fazer diferente para que o compromisso aumente, grandes ganhos serão obtidos.

Como usar as armadilhas na prática

Entendemos que a evolução de um time necessita que o próprio time tome consciência de seus problemas para que haja uma evolução sustentável. Todo o esforço do mundo feito exclusivamente pelo líder irá resultar em evoluções irrelevantes por parte do time.

Uma forma de fazer a consciência do grupo surgir é possibilitar um momento de retiro de seus afazeres diários e do estresse da rotina e colocar a equipe para pensar e analisar seu próprio desempenho.

O líder apresenta o modelo das armadilhas, explicando cada uma delas e respondendo às dúvidas do time. Em seguida, coloca-se o grupo para discutir cada armadilha da seguinte forma:

Armadilha: _____

Evidências de que o time está consistente:

_____

_____

_____

Evidências de que o time está inconsistente:

_____

_____

_____

Compromisso a ser assumido por todos para aumentar a consistência:

_____

_____

_____

Repetir o processo para cada armadilha, dando tempo para a equipe refletir e chegar a conclusões sobre os compromissos.

Ao final, pode-se montar um documento com os principais compromissos assumidos pelo time. Esse documento torna-se um contrato de conduta do time que, via de regra, traz enorme impacto no engajamento coletivo e consequentemente na *performance* da área.

Recomendamos o uso desta ferramenta para equipes com alguma maturidade e vivência, pois exige que o grupo saiba contribuir e analisar os problemas com alguma isenção. Times mais imaturos precisam de uma ferramenta mais detalhada e processual que descreveremos a seguir.

Evolução da maturidade da equipe

Uma equipe de desempenho superior não se constrói da noite para o dia. É necessário que se trabalhe com o time durante algum tempo para que as pessoas evoluam coletivamente. Mesmo equipes compostas por ótimos indivíduos podem ter problemas e necessitar de tempo para evoluir. Indivíduos são como as cores individuais em um quadro. Elas podem ser lindas ou feias individualmente, mas a composição do quadro final é o que vale. Compor esse quadro final pode levar algum tempo e esforço de liderança.

Para isso é preciso entender quais são as características de uma equipe chamada de alto desempenho. A seguir listamos suas principais características:

• *Alta confiança mútua e compromisso com os objetivos da área.*

Pontos que foram extensivamente cobertos quando falamos das 5 armadilhas e, como vimos, a confiança e o compromisso andam juntos. Costumamos dizer que, em um time, precisamos pular com o paraquedas dobrado pelo companheiro de equipe. Essa é a expressão de confiança maior. A verdade é que só existe verdadeira confiança quando o risco é compartilhado, ou seja, quando o companheiro de equipe fala que pula junto com você com o paraquedas que ele mesmo dobrou, se for necessário. Então sempre faz as dobras como se fosse para ele mesmo pular. O alto compromisso não é com a dobra do paraquedas, mas sim com o resultado final do salto, ou seja, fazer com que o parceiro de time chegue são e salvo ao chão. A certeza de que há um compromisso abrangente é que garante a confiança entre as partes. Nosso trabalho como consultores em dupla e sócios que somos é outro exemplo dessa larga confiança e compromisso presentes. É muito comum um de nós realizar toda a parte de entrevistas e análises de um determinado cliente e preparar todo o conteúdo, incluindo os *slides*, para que o outro apresente, tendo discutido e conversado sobre o assunto muito rapidamente. Para realizar isso são necessários extrema confiança e compromisso de ambas as partes. A confiança nesse caso deriva de uma certeza absoluta no compromisso com o resultado para o cliente.

• *Baixa dependência, liberando o tempo para questões principais.*

O tempo de um time quando reunido é algo raro e caro que precisa ser aproveitado ao máximo. É frequente vermos times desperdiçando esse precioso ativo em intermináveis discussões ou cuidando de assuntos menores e menos prioritários. A equipe madura desenvolve uma independência de atitude que libera o tempo de todos para o que é principal. Todos têm o direito e o dever de falar quando o time está patinando ou perdendo tempo. Mais do que isso, é frequente ouvir a seguinte frase: "esse é um assunto menos importante, pode deixar que eu cuido dele e aviso a todos sobre as conclusões tomadas". É preciso maturidade para ver tal atitude espontânea, sem precisar ser provocada pelo chefe hierárquico. Times maduros são altamente eficientes no uso do tempo em comum.

• *Destaque natural: aqueles que sabem mais têm mais autonomia.*

Equipes imaturas são invejosas. Quando a inveja fica à frente das ações é impossível reconhecer as diferenças nos desempenhos dos integrantes. Quando o líder concede maior autonomia a alguém, os demais resistem, reclamam e infernizam sua vida. O que é mais importante na equipe imatura é a luta pelo poder e prestígio individuais. Já uma equipe madura luta para que haja, sim, o máximo de autonomia. A autonomia concedida pelo líder ocorre porque o liderado possui um destaque natural, uma competência especial ou um domínio que os outros não possuem. Esse reconhecimento e apoio de todos faz com que *performances* superiores sejam possíveis. A equipe madura sabe e reconhece que a autonomia é fruto da competência, preparo e atitude de cada um e que essas 3 qualidades são diferentes e, em consequência disso, as autonomias do time só podem ser diferentes.

• *Usam sempre dois "bonés": o primeiro como gestor de equipe e o segundo como pertencente a uma equipe com seus pares.*

A imagem dos dois bonés possui muita relação com a quinta das armadilhas: o conformismo com o resultado coletivo. As pessoas precisam, na verdade, ter uma chave que ora liga o pensamento mais global, coletivo, focado na empresa, e ora liga o pensamento mais restrito, da área ou de uma função específica.

Daí a dificuldade, pois, embora pareça um comportamento esquizofrênico, ele é necessário. As equipes maduras sabem com maestria fazer essa mudança de chave na hora certa. Com isso não existe esforço desperdiçado em proteções de áreas e comportamentos feudais.

- *Ausência de oposição sistemática: apoios e discordâncias sem envolver aspectos pessoais.*

Equipes imaturas vivem e despendem grande parte de sua energia em disputas pessoais e intermináveis polarizações de opinião. Essas disputas tornam-se jogos internos com perdedores e ganhadores e alimentam uma disputa que está muito longe de cumprir qualquer objetivo organizacional. Por conta desse comportamento, essas equipes acabam produzindo zangas e mágoas internas. Certa vez encontramos duas pessoas, diretores de uma grande empresa, que não se falavam havia 6 meses. Estávamos em um trabalho de alinhamento em que era essencial que elas se falassem, mas se recusavam. Que tipo de desempenho se pode esperar de um time com tamanho grau de rejeição? Uma equipe precisa estar colada, junta. Quando em operação, uma equipe se atrita e se bate. Isso é absolutamente normal. Como fazer para manter a união, apesar do atrito? Não existe outra forma. É preciso engrossar a pele. A equipe madura possui uma alta resistência ao atrito lateral e segue em frente sem se magoar por qualquer coisa. Ela é firme em rapidamente limpar os pontos errados e recontratar um novo comportamento. Costumamos dizer que a equipe madura e de alta *performance* não precisa gastar tempo pedindo muito "por favor", mas nunca perde a chance de dizer "muito obrigado". O "por favor" já está implícito, mas o "muito obrigado" garante que a cola continue.

- *Mecanismos de autocorreção: dedicam tempo à autoavaliação.*

Os times menos maduros não se preocupam com a *performance* do time. Mal conseguem se preocupar com suas próprias funções. Com isso, o único a se preocupar com a *performance* como time é o gestor que precisa lutar contra todos nessa tarefa inglória. Uma equipe madura sabe que os principais mecanismos para se atingir a alta *performance* estão entre os componentes do próprio grupo e que o gestor, quando precisa intervir, nem sempre consegue bons resultados, pois sua posição hierárquica superior dificulta o acesso e a ação. O melhor papel para o gestor não é atuar dentro do time, mas atuar para fora do time, abrindo espaço e liberando obstáculos para que o time possa andar mais rápido. Os assuntos internos do time são mais bem resolvidos quando o próprio time assume essa responsabilidade e libera o gestor para ocupar outros espaços. Esse é o verdadeiro conceito de times autogerenciáveis, que possuem mecanismos de se autocorrigir e para isso despendem e investem certo tempo em sua autoavaliação de *performance* como time.

Ao analisar os grupos é possível identificar cinco estágios nítidos de amadurecimento. Essa ideia é uma adaptação de um esquema original proposto por **Bradford & Cohen** em *Excelência empresarial*.

Estágios de desenvolvimento da equipe

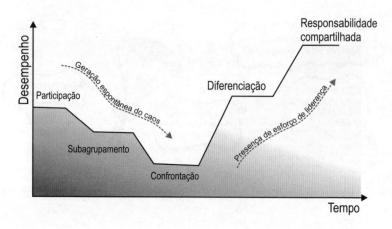

Há um estágio zero, não inserido na figura, chamado de **comando-controle**, que se resume à seguinte condição: "eu mando, vocês obedecem". É o estágio mais infantil da gestão de pessoas. No comando-controle o conceito de equipe é fraco, pois o líder cuida para que as interdependências necessárias ao time aconteçam via comando. Por incrível que possa parecer, o desempenho desse nível pode ser considerado satisfatório, mas está longe de ser alta *performance* e de podermos considerar uma equipe.

A evolução ocorre quando o líder, em geral heroico, percebe que precisa mudar a dinâmica da equipe para conseguir evoluir. Logo a seguir, surge o primeiro estágio, **participação**, em que o grupo inicia o trabalho em conjunto e nele as pessoas estão apenas se conhecendo melhor e estudando o terreno. Nesse estágio, as pessoas estão em geral animadas, pois foi dado um espaço diferente e existe uma intensa troca de informação, mas nada muito profundo. Embora o clima seja cordial, as pessoas estão desconfiadas e não se expõem totalmente. São jogados os primeiros balões de ensaio para testar o novo comportamento do líder e como ele responde ao grupo.

Nesse estágio costuma ocorrer um fenômeno interessante no comportamento das pessoas: quando você abre a participação, elas se sentem muito vulneráveis ao grupo maior. Isso causa uma insegurança importante e rapidamente elas se organizam em **subgrupos** – que é o segundo estágio – de acordo com suas opiniões, ideias e afinidades. Essa aproximação torna cada subgrupo mais forte perante o grupo maior e dá a estabilidade necessária para que as pessoas possam se expor um pouco mais. Ao me aproximar de alguém com quem tenho alguma afinidade, começo a me encontrar mais com essa pessoa fora das reuniões do time e a criar um alinhamento sobre os assuntos e ideias. Esse alinhamento aumenta a confiança nos parceiros do subgrupo que, na reunião maior, passam a me apoiar nas ideias. Com isso, a profundidade das discussões da equipe aumenta substancialmente e o clima fica um pouco mais austero. Cada subgrupo cria uma proposta e a considera a melhor. Criam-se equipes dentro da própria equipe. Este estágio é confortável aos participantes, pois eles sentem-se mais fortes por não mais estarem sozinhos. Fora das reuniões e pelos corredores, o subgrupo ataca os demais por não concordarem com o direcionamento que está alinhado e se inicia uma mobilização por poder e espaço com o chefe, tentando cooptar o chefe para o lado do subgrupo. Mas, eventualmente, as diferenças antes comentadas apenas dentro do subgrupo são explicitadas. O conflito vem à tona. Chega-se, então, a um terceiro estágio: o do **confronto** entre os subgrupos.

Do zero até o terceiro estágio, tudo acontece de maneira natural e você sequer precisa intervir, pois se trata de comportamento humano usual. O conflito e o caos surgem de modo espontâneo nos grupos sem que a liderança precise atuar. Nesse ponto as relações tornam-se extremamente infantis e, se você não perceber isso, vai achar que aquelas pessoas não sabem trabalhar. Na realidade, é o gestor que não estava agindo para amadurecer a equipe.

É um período conturbado em que se amplia ainda mais a mobilização interna, as conversas de corredores, trocas de acusações e, em geral, grandes dificuldades para a atuação do gestor. Durante o período de confronto, em cada subgrupo, surge um líder. Esse momento, apesar de difícil, é também extremamente vital para que ocorra o amadurecimento. Expor os conflitos e aprender a superá-los é essencial para que o time se torne forte. Nesse momento também ocorre um fenômeno dentro dos subgrupos que é certo questionamento se as afinidades que aproximaram as pessoas daquele subgrupo são verdadeiramente importantes ou suficientes para justificar tamanha coesão do subgrupo. Em geral, esse questionamento leva à resposta de que não é justificável, e o que me aproximou naquele momento nem era tão importante e o que me diferencia dos outros subgrupos também pode ser útil e válido para o grupo como um todo. Nesse momento os subgrupos deixam de existir porque os integrantes entendem que eles não fazem sentido para o todo.

Ao criar essa **diferenciação**, o quarto estágio, os subgrupos são rompidos e a equipe começa a perceber que existem objetivos maiores e mais abrangentes. Cada indivíduo é diferente e importante para o grupo. Você estará reagrupando as pessoas, agora, segundo seus próprios critérios, e deverá tomar decisões importantes quanto a quem não atende a esses critérios. Obviamente os critérios precisam ser ligados ao resultado, desempenho e atitude. Gostamos muito de pensar utilizando uma matriz que posiciona as pessoas em 9 quadrantes.

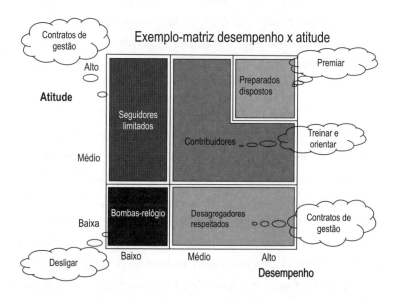

No estágio de diferenciação o líder precisa, efetivamente, mostrar o que é esperado dos liderados e, para cada grupo identificado na figura, acionar as devidas consequências. Premiar aqueles que estão com alto desempenho e atitude correta, **preparados dispostos**, provoca o restante do grupo a desejar estar nesse grupo. Mesmo se não tem espaço em termos de promoções, ou orçamento para fazer grandes premiações, você precisa encontrar algum espaço para prestigiar o desempenho superior. Isso pode ser feito com uma atenção especial, um projeto de grande visibilidade, uma viagem que você faria ou qualquer outra coisa que sua criatividade consiga inventar. Note que ser líder nessa hora é ter de encontrar espaços em que poucos encontram. Se você achar que esse espaço é mera obrigação dos liderados, perderá uma ótima chance de provocar todos os demais a quererem estar nesse seleto grupo.

O outro grupo é o dos **contribuidores** que possuem atitude e desempenho médios. É o grupo dos que estão ok, mas não muito bem. Precisam de treinamento e orientação específicos para chegarem no quadrante superior. Seu trabalho é fazê-los chegar lá.

Dois grupos a seguir possuem tratamento de sua parte semelhante. Tanto os **seguidores limitados** quanto os **desagregadores respeitados** precisam de ajustes mais fortes, pois seja em desempenho seja em atitude precisam mudar de uma avaliação baixa. Seu trabalho como líder é estabelecer um novo contrato de trabalho com eles, que chamamos de contrato de gestão. Escreva tudo o que precisa ser mudado e o que se espera da atuação em um contrato. Combine o que é necessário para sua realização e assinem esse novo termo de conduta com prazo estabelecido para a revisão. Parece frio e duro, mas é uma maneira assertiva de recuperar as pessoas de seu time que estão em quadrantes perigosos da matriz e eles, mais que ninguém, precisam saber disso e se comprometerem a fazê-lo. Passado o prazo, e se não houver a evolução necessária, devem ser desligados.

- *Cuidado com as pessoas tóxicas.*

Em especial, os desagregadores respeitados possuem um efeito muito negativo com o restante do grupo. Eles, por terem desempenho superior, sentem-se imunes a qualquer consequência negativa que lhes possa ocorrer. Então, nunca corrigem seu comportamento e se tornam poderosos na equipe. Esse poder é claramente observado pelos demais que acabam seguindo a pessoa errada. Isso forma um eco na liderança do gestor da área que pode acabar perdendo muito espaço. Pessoas deste quadrante precisam perceber consequências claras para que mudem sua atitude e, caso não mudem, precisam ser desligadas, mesmo com um desempenho superior.

Desligados também devem ser os que caírem no quadrante **bomba-relógio** por estarem tanto com desempenho quanto atitude baixos.

Depois de evoluir o seu time você atinge o estágio do **compartilhamento**, quando as pessoas fazem suas próprias definições, têm iniciativa, compartilham os riscos e se preocupam com o rumo da equipe.

Podemos entender melhor cada uma dessas etapas por meio de variáveis importantes de entendimento dos times, a saber:

- *Confiança e compromisso*: descreve o quanto as pessoas acreditam umas nas outras e estão dispostas a cuidar do resultado coletivo para manter essa credibilidade alta.

- *Autonomia e foco*: descreve o espaço concedido às pessoas dado seu foco de atuação.

- *Comunicação e troca de informação*: descreve a eficácia da comunicação vigente entre todos na equipe.

- *Tomada de decisão*: descreve a assertividade, eficiência e eficácia das escolhas feitas pelo time.

- *Visão abrangente*: descreve o *mindset* das pessoas do time em relação a cuidar do seu espaço *versus* cuidar do todo da área.

- *Clima e relacionamento*: descreve o comportamento social e o entrosamento entre as pessoas.

- *Autogerenciamento*: descreve a presença ou não de um esforço de autocorreção dos problemas do próprio time.

- *Resultado da área*: descreve a *performance* do time como equipe.

Podemos notar nitidamente a relação entre essas variáveis e as cinco disfunções da equipe, que comentamos anteriormente.

Os dois quadros seguintes mostram a evolução dessas variáveis ao longo dos estágios de maturidade.

Variáveis	Participação	Subagrupamento	Confrontação	Diferenciação	Responsabilidade compartilhada
Confiança e compromisso	Exposição e risco assumido baixos. Compromisso é verbalizado, mas não concretizado	Desconfiança velada entre sub-grupos. Compromisso com os objetivos dos subgrupos	Quando o controle aumenta o chefe precisa interagir intensamente. Confiança alta dentro do subgrupo	Começam a surgir sinais de real compromisso. Aumenta risco assumido conjunto. Ruptura da confiança cega dentro do subgrupo	Alta confiança entre todas as pessoas do grupo. Alto compromisso genuíno com os objetivos abrangentes da equipe
Autonomia e foco	Alta dependência do chefe. Baixa autonomia aos participantes. Dificuldade de discernir o importante	Subgrupos procuram espaço para seus interesses e são reticentes a todo o restante	Discussões entre os subgrupos. Manobras para obter poder com a chefia	Autonomia diferenciada pelos indivíduos conforme o assunto. Concordância relativa sobre a importância dos assuntos	Indivíduos têm ampla autonomia e não necessitam nenhuma intervenção do chefe. Todos sabem o que deve ser feito
Comunicação/ troca de informação	Intensa e abrangente, porém com pouca profundidade	Focada no subgrupo. Aumenta a clareza das diferenças entre os subgrupos	Discussões mais francas e diretas. Por vezes fortes e defensivas. A comunicação é insuficiente	Clara percepção de abertura para falar e ouvir, principalmente entre os subgrupos. Início de coragem para dar *feedback*	Exclente, rápida, direta, objetiva. *Feedbacks* abertos e construtivos. Disponibilidade ampla para falar, ouvir e discordar
Tomada de decisão	Influenciada pelos mais extrovertidos e falantes	Cheia de impasses, o chefe interfere. Os subgrupos fecham os assuntos antes	Torna-se um jogo de poder. Informação vira arma e é usada contra os oponentes. Muitas vezes o chefe tem dificuldades no processo	Participação ampla de todos no processo de discussão. Apoio geral	Consensual coletiva quando necessário; individual quando um apenas domina o assunto

Variáveis	Participação	Subagrupamento	Confrontação	Diferenciação	Responsabilidade compartilhada
Visão abrangente	Baixa, confusa, sem profundidade	Percebida, mas deixada em segundo plano face a agenda do subgrupo	Usada apenas quando interessa ao subgrupo	Discutida no grupo de forma aberta, algumas vezes predomina o foco individual	As metas abrangentes são priorizadas em detrimento das metas locais com clareza e discernimento
Clima e relacionamento	Calmo, sem conflitos, sentimentos ocultos. Relações cuidadosas e polidas	Clima normal da equipe. Ótimo nos subgrupos	Hostil, algumas vezes áspero entre os participantes	Diferenças entre os participantes começam a ser aceitas e respeitadas. Ajuda mútua começa a ser presenciada	Alta solidariedade e sociabilidade entre os participantes. Apoio expressivo e desacordos são prontamente resolvidos
Autogerenciamento	Inexistente, mas o grupo ainda não sente falta dele	Percepção da necessidade crescente, mas discutida apenas em pequenos grupos	Usada como arma contra os oponentes para conseguir atenção do chefe	Ciclotímica. Surge forte de vez em quando, mas desaparece	Presente e discutida sempre que necessário. O grupo ocupa o lugar do chefe liberando-o para desafios superiores
Resultado da área	Desempenho bom. Muito dependente da atuação do líder	O resultado das subáreas é bom, mas o resultado do todo é somente satisfatório	O resultado perde um pouco a atenção que está voltada para o conflito interno instalado, muito embora ele seja mencionado como forma de culpar os outros	Notável melhora em relação ao desempenho da etapa anterior. Resultados muito bons e com baixo desgaste interno	Excelente, superior e incontestável. Reconhecido pelas demais áreas da empresa

Confiança e compromisso

Nos estágios iniciais essa variável é difícil de ser percebida, mas as relações são superficiais, embora sejam polidas. A confiança completa só aumenta com consistência a partir da confrontação. Nos estágios até a confrontação é interessante notar que uma confiança dentro dos subgrupos é desenvolvida e torna-se bastante importante, o que pode ser um obstáculo para o rompimento dos subgrupos necessário a partir da etapa de confrontação.

Autonomia e foco

Nos estágios iniciais a autonomia dificilmente pode ser concedida pelo líder, pois o grupo ainda não consegue perceber as diferenças de importância nos assuntos. Isso cria alta dependência das decisões do chefe. Conforme os subgrupos vão sendo formados, eles começam a disputar poder, procurando obter mais autonomia que os outros subgrupos ou protegem-se mutuamente dentro de cada subgrupo para facilitar a autonomia de pessoas do próprio subgrupo. A partir da confrontação, a autonomia passa a ser reconhecida e respeitada de acordo com a competência efetiva dos participantes. Torna-se ampla no estágio de responsabilidade compartilhada.

Comunicação e troca de informação

A eficácia da comunicação varia enormemente nos estágios. Verifica-se um aumento gradual na profundidade dos temas conforme a equipe vai amadurecendo, chegando à excelência no estágio final.

Tomada de decisão

A tomada de decisão apresentada na tabela mostra que o processo interno do grupo vai piorando à medida que os estágios evoluem de subagrupamento para confrontação. Na confrontação as disputas envolvendo o processo decisório podem se tornar muito difíceis para o líder. Se superada esta fase, a participação do gestor torna-se cada vez menos frequente e menos importante na condução do grupo à medida que cresce e aprende a usar o processo decisório mais adequado dependendo das circunstâncias, caminhando para a responsabilidade compartilhada.

Visão abrangente

A abrangência da visão é típica de uma equipe madura. Quanto menos madura, menos abrangente a visão e mais focada nos interesses individuais ela é. Nos estágios de subagrupamento e confrontação a visão abrangente é substituída pela visão do subgrupo, que faz dela sua bandeira nas disputas com outros subgrupos.

Clima e relacionamento

Muitas vezes torna-se difícil perceber a diferença entre o clima no estágio de participação e diferenciação. Ambos são ótimos e tudo está calmo. Entretanto, quando o grupo já está na diferenciação, ele sabe enfrentar as turbulências sem deixar o clima cair; enquanto na participação, ele ainda não sabe. Clima e relacionamento variam e percebe-se que a tensão atinge seu clímax na etapa de confrontação. Nem sempre o melhor clima e o melhor relacionamento acontecem na responsabilidade compartilhada. O time nessa etapa está muito esticado e compartilhando o risco, portanto sujeito a variações de clima que podem ser percebidas. Entretanto, o grupo sabe superar as instabilidades e sempre volta ao clima normal após intervenções e recontratações dos próprios elementos.

Autogerenciamento

Este comportamento evolui de forma crescente ao longo do tempo, mas só atinge a real eficácia no último estágio, no qual o grupo assume as rédeas pelo direcionamento da equipe e desenvolve mecanismos de autocorreção, passando a dedicar esforço à autoavaliação sem depender do líder para isso. A necessidade do autogerenciamento, por outro lado, não é percebida nos primeiros estágios e passa a ser notada conforme o time amadurece.

Resultado da área

O desempenho da área é satisfatório no estágio de participação. Tem um declínio até a confrontação, pois as energias do grupo estão direcionadas para objetivos conflitantes e não focados. Conforme o grupo entra na diferenciação, o time entra em sintonia e o resultado dá um verdadeiro salto, que só melhora com a responsabilidade compartilhada. A verdadeira alta *performance* é obtida nesse estágio.

A necessidade de coragem e consideração

Para se chegar ao estágio de responsabilidade compartilhada, que pode parecer inatingível para muitos, existem duas características que precisam ser desenvolvidas em larga escala.

A primeira é a coragem. Coragem para se expor perante os demais participantes da equipe e falar o que é preciso, mesmo que isso possa doer um pouco ou tirar a tranquilidade do time ou, às vezes, até mesmo afetar o clima geral. Não estamos falando em gerar pânico nem em desagregar o grupo de forma proposital, mas em tratar os assuntos difíceis que sempre surgem quando se trata de grupo. É inevitável, pois se, por definição, uma equipe é um conjunto de pessoas interdependentes, quanto mais interdependentes tanto maior a probabilidade de as coisas saírem do normal e precisarem de ajustes. Agravando mais o quadro, as melhores equipes são compostas por pessoas diferentes, sendo essa riqueza um verdadeiro perigo em termos de geração de conflito. Pessoas diferentes pensam diferente e isso é um combustível que pode explodir. Portanto, a coragem para expor as diferenças, discutir os problemas e falar as coisas difíceis é essencial para fazer o time amadurecer.

A segunda é a consideração. Consideração é o respeito profissional pelos participantes do time. O tratamento com respeito e consideração é básico para que os conflitos não se tornem pessoais e não saiam do controle. Com isso podemos olhar a figura a seguir em 4 quadrantes:

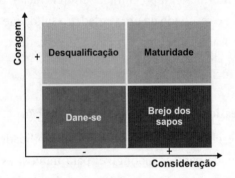

Alta coragem e baixa consideração em geral produzem um ambiente em que as pessoas estão pouco preocupadas com os outros e frequentemente as jogam para baixo, com o que chamamos de desqualificação. Ao tratar um problema um colega chega para o outro e o chama de incompetente por ter deixado o problema acontecer. A coragem para falar do problema é importante, mas a forma de fazê-lo é igualmente importante. Só coragem sem consideração não é suficiente.

Alta consideração e baixa coragem também é um quadrante perigoso para o time. Consideramos tanto nossos pares e os respeitamos tanto que evitamos falar coisas necessárias. Por exemplo, dois colegas de equipe se dão muito bem e se completam muito. Ao interagirem com um cliente, um deles percebe que o outro passou uma informação que haviam combinado não divulgar e que, ao comentar sobre isso na negociação, a situação ficou um pouco desfavorável para a empresa em favor do cliente. Sem coragem para conversar sobre o assunto, o colega que percebeu o problema pensa: "ele é um ótimo profissional e deve ter percebido que fez besteira. Não acho que preciso comentar esse assunto com ele. Deixa pra lá..." Engole-se o sapo que passa raspando na garganta e segue-se a vida. Em seguida, virá outro... e mais outro... e logo o brejo cheio de sapos estará formado no estômago dos integrantes da equipe.

Baixa coragem e baixa consideração são a pior situação na qual os elementos da equipe simplesmente não estão nem um pouco preocupados em alertar para os problemas e muito menos com a forma de fazê-lo. Dane-se, para não dizer outra palavra mais clara, é a perfeita descrição para esse triste quadrante.

Alta coragem e alta consideração juntas fazem com que o time tenha as condições necessárias para evoluir em direção à responsabilidade compartilhada.

Acompanhamos um caso em que a evolução do time ficou parada por causa da falta de consideração de uma única pessoa.

Mário, um líder com boa formação em plena aceleração de sua carreira, já havia sido promovido duas vezes na empresa que antes trabalhava e trouxe consigo seu subordinado, o Juan, da sua mais alta confiança e que juntos haviam produzido ótimos resultados. Na nova área assumiram uma equipe que já estava operando junto. Fazia parte da equipe um supervisor, Vitor, muito antigo de área, com domínio técnico e prático reconhecido por todos, o que dava a ele enorme credibilidade com funcionários e clientes. Mário, ao assumir o desafio, tinha um grande projeto que necessitaria revolucionar completamente aquela área com nova tecnologia que implicaria tempos turbulentos com subordinados e com clientes. A área que contava com 400 pessoas deveria chegar a menos de 200 ao final do projeto. Desde os primeiros dias de contato, Juan e Vitor, ambos agora subordinados de Mário, começaram a mostrar sinais de incompatibilidade mútua. Ambos, na verdade, estavam disputando o posto de braço direito de Mário. Juan tinha um histórico irretocável de desempenho e entendia o que Mário precisava só no olhar e se antecipava como poucos. Já o Vitor possuía a sabedoria da idade e da vivência e havia demonstrado ao Mário o quanto seu conhecimento estava sendo importante para o sucesso do projeto. As coisas foram piorando entre os dois e Mário não se posicionava a favor de nenhum dos dois, mas as coisas não poderiam continuar daquele jeito. Elas começariam a afetar o restante da equipe e colocar em risco o projeto. Mário se posicionou e conversou separadamente com cada um deles e ressaltou a importância de cada um como líder e para a obra que precisava ser construída. Deixou claro que não abriria mão da competência de ambos, mas que a atitude que ele precisava não era a que eles estavam apresentando. Comentou que precisava de um aumento substancial na **consideração** mútua entre eles. Era preciso um total respeito profissional pelo que cada um representava, e isso não estava ocorrendo. Por último, solicitou o compromisso deles para mudar de atitude, uma vez que ele, como líder, não iria tomar partido, pois as diferenças que os separavam não eram em absoluto importantes. Vitor, com sua sabedoria, na hora aceitou o convite e colocou seu comprometimento à disposição. Juan sofreu um impacto maior. Muito mais jovem e imaturo, ele esperava que seu fiel chefe tomasse seu lado e lutasse contra o oponente cruel, e isso não aconteceu. Ele, em um momento de maior abertura, revelou que "não suportava" o jeito do Vitor e que a convivência estava sendo uma agressão muito grande a ele. Mesmo sabendo da disposição do Vitor, Juan resolveu deixar a empresa. Mesmo sofrendo com essa saída, Mário entendeu que essa era a única forma de garantir **coragem e consideração** no time.

Cabe ao gestor usar esses quadros para identificar em qual estágio se encontra sua equipe para cada uma das variáveis apresentadas. Podemos notar que o estágio mais claro de ser percebido é o de confrontação. Conseguimos notar claramente se uma equipe não passou, está passando ou já passou pelo estágio de confrontação, uma vez que percebemos que os conflitos nesse estágio afloram e são visíveis por qualquer um. Portanto, é comum notarmos que as equipes se encontram com a maioria das variáveis em blocos anteriores ou posteriores a esse estágio.

Com essa imagem, poderemos entender melhor em que estágio de maturidade a equipe está e quais variáveis estão mais adiantadas ou atrasadas, possibilitando nosso foco naquelas mais atrasadas, de maneira a propiciar o avanço do time

Percorrido esse caminho, você estará com uma equipe de alta *performance*. Mas é aqui que novas variáveis entram em cena. Muitas vezes, os grupos voltam ao estágio zero, o caos retorna e será preciso recomeçar todo o processo: abertura para participação, formação de subgrupos, confronto, diferenciação e compartilhamento. Alterações na composição do grupo ou nível de desafio e *performance* são algumas das situações mais comuns que podem fazer com que o time regrida em maturidade.

Você não deve se sentir frustrado quando realizou um enorme esforço pessoal para fazer seu time evoluir até o compartilhamento e, nesse momento, dois ou três elementos são promovidos pela organização para outras áreas, fazendo com que seu time caia novamente para estágios inferiores de *performance*. Esse é o verdadeiro papel do gestor. Seu papel não é estar no topo dos estágios, mas é levar times a esse topo.

O caso do Alberto (p. 120-127) e a maturidade do grupo

A equipe do Alberto está claramente subagrupada, caminhando para a confrontação. Tem o grupo dos mais abertos e otimistas que inclusive almoçam juntos todos os dias (Marcelo, Mariko, Mitiko, Denise e Osvaldo) e os mais resistentes (Valdomiro e Suzuki). As reuniões semanais de equipe têm estado mais quentes e difíceis para o líder, mostrando que a equipe está entrando em confrontação. O clima não é calmo e mostra-se tenso. Se a confrontação, por um lado, torna a vida do Alberto mais difícil, por outro mostra a evolução da maturidade do time, mas, sem uma ferramenta como a mostrada, ele ficaria apenas com a preocupação do confronto. Alberto deveria estar, de certa forma, celebrando a coragem assumida pelas pessoas em se posicionarem e não ficarem escondidas dentro dos subgrupos.

Ao analisarmos as variáveis que necessitariam ser tratadas, escolhemos duas que aparentam no caso estarem mais atrasadas:

Visão abrangente – Que se encontra em subagrupamento (percebida, mas deixada em segundo plano perante a agenda do subgrupo). Cada qual está se preocupando consigo mesmo ou com o subgrupo do qual faz parte e não tem uma visão sobre o que deveria estar cumprindo como equipe. No caso, a imaturidade do grupo restringe fortemente seu alcance como time.

Autogerenciamento – Que também está em subagrupamento (percepção da necessidade crescente, mas discutida apenas em pequenos grupos). O time espera ser dirigido e não assume a responsabilidade pela direção. Não existe proatividade e, pelo contrário, percebem-se reações de resistência passiva e baixa responsabilização. O grupo se beneficiaria muito se assumisse postura mais proativa de autoliderança das situações que envolvem o grupo. Note que o time possui personagens bastante maduros e que poderiam mobilizar internamente o grupo a fazer a diferença.

Se Alberto colocasse o time para refletir sobre essas duas variáveis e criasse compromissos com as pessoas para nelas evoluírem, bem como ele próprio assumisse outros compromissos de mudar sua postura para viabilizar a evolução das variáveis, veríamos grandes avanços como equipe.

Como fazer uso da ferramenta na prática

Essa matriz dos estágios deve ser trabalhada com o seu time em uma dinâmica específica. Você deve utilizar seus rituais de alinhamento coletivos (reuniões de equipe) ou criar espaços para que esta evolução aconteça. Não existe outro caminho para o time evoluir, você precisa encontrar um tempo para discutir esse assunto com eles. Nossa sugestão é que você estabeleça uma rotina semanal ou quinzenal em reuniões com duração de

1h a 1:30h com o time. Por exemplo, toda quarta-feira das 8h às 9h, às vezes pegando um começo ou fim de expediente para evitar interferências externas. Na primeira reunião você apresenta o que é um time de alta *performance*, o gráfico dos estágios com a explicação de cada um deles e a matriz com as variáveis. Solicita que cada um identifique em cada variável o estágio em que o grupo se encontra e junta todas as opiniões. Por exemplo:

Rodrigo (um dos liderados):

Confiança e compromisso – Subagrupamento

Autonomia e foco – Entre subagrupamento e confrontação

Comunicação e troca de informação – Confrontação

Tomada de decisão – Diferenciação

Visão abrangente – Subagrupamento

Clima e relacionamento – Confrontação

Autogerenciamento – Participação

Resultado da área – Subagrupamento

Na segunda reunião, você já juntou todas as posições e consolidou em 4 variáveis que precisam evoluir mais, por estarem mais atrasadas. Como são 8 variáveis no total, fica muita coisa para se trabalhar, e, como as variáveis são inter-relacionadas, ao atuar em 4 delas as 8 acabam sofrendo consequências benéficas. Depois o grupo escolhe uma das 4 variáveis para iniciar o trabalho e começa a discutir o que necessita fazer para evoluir nessa variável, por exemplo, autogerenciamento.

Ao fazer a discussão de como evoluir, procure separar as ações em dois blocos: um primeiro das ações que você precisa fazer como líder, e o segundo das ações que o time precisa empreender. Ao fazer essa separação, você estará dando um importante sinal de que os problemas existentes no grupo também são resultado da sua atuação e não um problema exclusivamente deles. Isso também abre um espaço para eles falarem o que você tem feito de problemático para a evolução do time. Procure ser aberto e deixar o pessoal falar. Claro que se falarem de ações com que você não pode se comprometer, deve deixar isso evidente na hora.

Na terceira, quarta e quinta reuniões você deverá trabalhar as outras 3 variáveis restantes seguindo a mesma dinâmica. Na sexta reunião você junta tudo e prioriza as ações. Você verá que muitas delas são parecidas e, com uma única prioridade, várias ações serão cobertas. Também defina com o grupo a forma de acompanhar o andamento das coisas. Recomendamos que se mantenha o ritual atual, espaçando-o para uma vez ao mês para voltar às ações e acompanhar a evolução.

Alguns cuidados: ao aceitar as suas ações como líder, você precisa implantá-las com rigor e suar sangue, sem deixar uma vírgula sem ser cumprida. Lembre-se de que você é o exemplo. Se não conseguir cumprir sua parte, será a desculpa perfeita para que eles não cumpram com a parte deles. Outro ponto é que as ações propostas não sejam meras intenções, apesar de boas. Procure que as ações sejam práticas e detalhadas e não genéricas. Defina responsáveis, envolvidos e datas e formas de medir. É muito difícil acompanhar a implementação de ações muito genéricas.

Liderar é, entre outras coisas, articular movimentos de amadurecimento do grupo. Quem lidera tem de saber ver o grupo como um todo para fazer os movimentos mais adequados no momento certo.

A seguir alguns modelos que podem ser usados nas reuniões:

Escolha de 3 a 4 variáveis para você trabalhar com sua equipe.

Variáveis	

Dadas estas variáveis que você selecionou, o que vai fazer para evoluir nelas e o que o seu time tem de fazer para evoluir nestas mesmas variáveis? (Procure realizar este trabalho em conjunto com seu time.)

Variável:		Variável:	
O que o líder tem de fazer para evoluir?	O que o time tem de fazer para evoluir?	O que o líder tem de fazer para evoluir?	O que o time tem de fazer para evoluir?

Variável:		Variável:	
O que o líder tem de fazer para evoluir?	O que o time tem de fazer para evoluir?	O que o líder tem de fazer para evoluir?	O que o time tem de fazer para evoluir?

Realizando Workshops

COMPORTAMENTOS	PARTICIPAÇÃO	SUBAGRUPAMENTO	CONFRONTAÇÃO	DIFERENCIAÇÃO	RESPONSABILIDADE COMPARTILHADA
• Clima e relacionamento					
• Entendimento/ aceitação do direcionamento da área					
• Comunicação/ troca de informação					
• Tomada de decisão					
• Resposta à liderança					
• Preocupação com o funcionamento do grupo					

Método de Aplicação

1. ATIVIDADE DO GESTOR
- Priorizar as variáveis
- Escolher a mais crítica
- Avaliar o estágio

Análise da toxidade do seu time

A maturidade do time e a evolução nas variáveis são apenas parte do entendimento do comportamento coletivo. E todo comportamento coletivo é complexo e cheio de facetas. A seguir avançamos neste espaço com outras ferramentas de alto impacto para a *performance* da equipe.

O trabalho em equipe deveria ser um ambiente que chama as pessoas para o alto desempenho, mas nem sempre isso ocorre.

Todo grupo de pessoas que fica muito tempo no mesmo local emocional pode acabar também achando aquele lugar um lixo! Aparece o olhar ácido sobre tudo que é feito e vai se perdendo engajamento. Cabe ao líder saber identificar estas toxidades e trabalhar cada uma delas ao seu tempo.

É preciso trabalhar como se fossem campanhas de desintoxicação. O trabalho faz mal à saúde se ele não for motivador! O problema é que tudo é motivador no começo, mas depois cansa demais... Como trabalhar esta toxidade?

A seguir apresentamos três matrizes que identificam situações tóxicas que podem ser trabalhadas pelo líder para fazer seu time voar mais alto e com muito mais vontade.

1) Capacidade de trabalho e aprendizagem

Ao observar a capacidade de trabalhar e de aprender das pessoas é possível identificar quatro perfis de grupo, como indicado nesta primeira matriz:

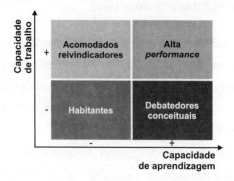

Costumamos dizer que o líder precisa sempre desenvolver duas partes essenciais de seus liderados. Quando não desenvolvidas, essas partes atrofiam e começam a dar dor de cabeça para o próprio líder. São elas: cabeça e braços. A cabeça só é exercitada quando nosso cérebro é submetido a desafios intelectuais, e um dos desafios mais importantes é o aprendizado. Mas também precisamos de nosso pessoal musculoso e entregando o dia a dia de forma veloz e eficiente. Chamamos isso de capacidade de trabalho.

Existem grupos que trabalham muito, mas aprendem pouco. São musculosos de braços e ociosos de cérebro. Intoxicam-se de tanto trabalho repetitivo. Quando o cérebro está ocioso, ele logo é ocupado com coisas não muito úteis, como ficar encontrando o que falta ou o que não está tão bom etc. Cabeça vazia é oficina do diabo, como diz o verdadeiro ditado. São os que transformam um problema simples em uma complicada questão e simulam *performance*, parecendo empenhadíssimos e correndo contra o tempo, mas... o produto final é medíocre. Como, no geral, gostam de fazer reivindicações, nós os batizamos de **acomodados reivindicadores**. Quando pedem mais trabalho, é só para fazer mais esforço e continuar a simular a correria. Se você der mais trabalho e fizer mais pressão, logo perguntam o que vão levar, para que tanto esforço, por que isso, por que aquilo e onde vamos parar? Isso acontece quando o gerente está focado no curto prazo e proporciona alto volume de tarefas. Trabalho realizado sob pressão gera baixa *performance* e muita correria.

Certa ocasião, em um importante *workshop* que conduzíamos com um grupo de gerentes em uma empresa siderúrgica, nos vimos em uma situação com um típico acomodado reivindicador em cena. Era o início do trabalho. Os primeiros 20 minutos de um evento, quando o grupo ainda não conhecia os consultores e estávamos fazendo a abertura com os primeiros assuntos em um grupo fechado e sério, apesar das tentativas de despertar o humor no grupo. Nesse tenso momento um dos participantes, que já conhecíamos, interrompeu com um aparte desconcertante. Era um executivo de seus 50 anos e tinha mais de 25 anos de empresa, um dos mais inteligentes e influentes do grupo. Ele comentou que, embora tudo aquilo que estávamos comentando fosse pertinente, naquela empresa nada ia adiante e que aquele tipo de iniciativa não adiantava, pois a empresa não estava preparada. Comentou também que outras tantas tentativas já haviam sido feitas no passado e tinham sido fragorosos fracassos e que a principal causa de tudo isso era o estilo de gestão da diretoria da empresa. A situação tensa se tornou um caos quando observamos a linguagem corporal dos demais participantes, concordando com cada palavra negativa comentada por ele. Sobrevivemos até o intervalo do evento, quando nos aproximamos dele e comentamos que ele havia tido o comportamento típico de um velho. Ele ficou meio indignado e comentou que tinha menos idade que nós consultores, como então poderíamos chamá-lo de velho? Esclarecemos que o comportamento de velho não tinha a ver com a idade da pessoa, e sim com o comportamento e que, para nós, velha é a pessoa que perdeu a capacidade de aprender...

em qualquer idade. Portanto, existem pessoas novas de idade que são velhas e pessoas idosas que são jovens. Também mencionamos que aquele evento era uma grande oportunidade de aprendizado e que ele não só estava fechando essa porta para ele mesmo como para o restante do grupo, visto que seu poder e influência sobre os demais eram notáveis. O impacto foi visível e ele acabou pedindo desculpas e explicando sua atitude baseado em seu cansaço com a empresa (ambiente tóxico) e que isso o levou a certo estado de acomodação. Terminamos nossa conversa e entre nós os consultores sentimos certo alívio de que pelo menos ele não seria mais problema no evento. Ao continuarmos após o intervalo, ele imediatamente pediu a palavra novamente e publicamente para nossa surpresa comentou: "Os consultores me chamaram de velho no intervalo e eles têm razão". Explicou o que tínhamos lhe falado e pediu desculpas pelo comportamento, solicitando ao grupo que usasse aquele momento como uma excelente oportunidade de aprendizado. Foi um dos melhores eventos que tivemos.

O acomodado reivindicador não *é* e sim *está* acomodado reivindicador. E ele está nessa situação porque o líder não o está puxando na parte de aprendizado. Portanto, cabe ao líder exigir que todos os seus liderados estejam ao mesmo tempo fazendo coisas que saibam e coisas que não saibam fazer. Ao identificar um grupo de acomodados reivindicadores, a primeira ação do líder é colocá-los em atividades em que haja intenso aprendizado, mesmo que eles reclamem e não queiram isso. É preciso uma campanha de desintoxicação de metas e impregnar um pouco o ambiente com aprendizado.

Há times que são o oposto: aprendem muito, mas trabalho, que é bom, nada. São os **debatedores conceituais**. Por qualquer coisa começam um debate: porque-nós-vamos, porque-nós-precisamos, porque-segundo-o-autor...

> **Pedro Mandelli** – Certa vez, realizando um trabalho de apenas uma semana numa grande empresa de pesquisa, houve uma discussão no terceiro dia. Alguém perguntou o porquê do esforço continuado e, sendo inocente naquele momento, eu respondi com outra questão: "Esforço continuado ou permanente?" Eles levaram mais de uma hora para decidir a diferença entre continuado e permanente e encerraram a discussão da seguinte maneira: uma ala achava que era continuado, outra, que era permanente! Esse grupo está com a parte cerebral tinindo, mas com os braços atrofiados, e evita ao máximo a entrega. Se tiverem que varrer a sala, ficarão horas discutindo se é melhor varrer com vassouras de pelo ou piaçava. Também gastarão um bom tempo decidindo qual é o melhor sentido de movimento para evitar lesões repetitivas e por onde iniciar para evitar retrabalho, e assim por diante. E ninguém varre a sala. Com grupos como esse, o gestor precisa pressionar a meta, a entrega e a execução e tirar o foco do aprendizado.

Entendemos que algumas pessoas com a forma de liderar correta se ajustarão perfeitamente. Outras, no entanto, podem ter personalidade e jeito meio voltado para dar maior foco ao aprendizado do que à execução.

> **Toti Loriggio** – Conheço uma pessoa que é um verdadeiro gênio. Muito inteligente, mesmo. Em seu histórico, desde criança sempre foi o primeiro da turma sem fazer força. Entrou nos primeiros lugares na universidade em uma concorrida faculdade de Engenharia. Formou-se entre os primeiros de sua turma e novamente sem enormes

esforços. Convidado a trabalhar em um grande escritório de projetos que foi buscar os melhores alunos na universidade, ele aceitou, mas nos primeiros meses de trabalho percebeu que aquilo não era para ele. Meta, cronograma, entrega, tudo com muita urgência e pouco aprendizado. Deixou um emprego muito cobiçado entre seus colegas recém-formados engenheiros e voltou a estudar, fazendo mestrado, doutorado, pós-doutorado e livre-docência até galgar os postos mais elevados da carreira acadêmica. Uma pessoa como essa em uma empresa não se ajusta, pois não seria feliz. Para ser feliz precisa estar aprendendo e só aprendendo. Muitas vezes precisamos tomar decisões difíceis de dispensar um gênio não por ele ser gênio, mas por sempre colocar a entrega subordinada ao aprendizado.

Alguns líderes, sem perceberem, comportam-se desta forma, subordinando o trabalho à aprendizagem, e com isso reforçam o comportamento debatedor conceitual de seus liderados. Neste caso o líder precisará reforçar com grande esforço as metas e as entregas como essenciais e não secundárias.

Chamamos de **habitantes** o grupo que costuma trabalhar pouco e nem se empenha em aprender. São pessoas que trabalham sem correr risco, porque o gerente, com dó de exigir a entrega e com pena de forçar o aprendizado, aumenta a zona de conforto de seus funcionários, assumindo para si todos os problemas. Eles saem às cinco, fazem torneio de xadrez na hora do almoço, campeonato de pingue-pongue, têm um ótimo convívio fora da empresa. O gerente, porém, trabalha até tarde, sábado também, domingo dá um pulo na empresa e seu nome nunca está nas tabelas de convocação para os jogos, porque ele nunca tem tempo.

É muito comum encontrar esse perfil de grupo em grandes organizações instaladas em cidades pequenas. A turma não sabe muito bem quando está na empresa e quando está em casa: ficam meio confusos! Mudar esse grupo significa ampliar a exigência tanto na entrega quanto no aprendizado. Isso pode ser um desafio enorme e talvez o líder de uma área com esse perfil deva pensar em também trocar algumas pessoas, oxigenando o grupo.

O quarto grupo é aquele que todo gerente gostaria de ter sem precisar empenhar-se em agir como um verdadeiro líder. Os profissionais são focados no trabalho e demonstram alta capacidade para aprender. É constituído por pessoas que pactuam visões e princípios iguais, formando uma unidade de propósito. Esse tipo de equipe, que chamamos de **alta *performance***, possui desafios iguais de aprendizagem e entrega, e com isso evoluem sempre. Esse quadrante deve ser a meta de todo gestor.

• *Trabalho* versus *aprendizagem e o caso do Alberto (p. 120-127)*

Nota-se na equipe do Alberto a presença dos acomodados reivindicadores, principalmente na figura do Valdomiro e do Suzuki. Suas discordâncias constantes e a dificuldade de apresentar as ideias novas nos levam a esta conclusão. Ambos também são bastante técnicos, mas concentrados nos sistemas que já conhecem bem e estão muito acostumados. Isso os deixa confortáveis para resistir aos avanços e reclamar das situações inconvenientes. Também demonstra que o Alberto não está puxando aprendizado suficiente para eles. Não está exigindo que eles enfrentem situações novas nas quais exista o desconforto do aprendizado. A situação de poder em relação ao conhecimento está deixando o Alberto refém e sem força para exigir algo novo deles. A mudança nessa situação exigirá que Alberto tenha coragem de provocar ambos a buscarem mais aprendizado sem medo de perder o controle sobre os sistemas que eles lideram.

Por outro lado, temos também a presença de um debatedor conceitual, que é o Osvaldo. Seu perfeccionismo extremo o impede de concluir os trabalhos e seu foco sempre está em coisas novas, diferentes e meio distantes do trabalho em si, o que faz com que perca um pouco o foco. Novamente o Alberto não está com força suficiente para puxá-lo mais para o lado das entregas e realizações finais. Como ele é mais velho e experiente do que o Alberto, ele se sente sem jeito de cobrar muito de perto as entregas. O Osvaldo também tem um poder de argumentação enorme que torna qualquer cobrança um debate interminável. Isso agrava ainda mais a situação. Alberto precisa arregaçar um pouco mais as mangas e mergulhar mais no acompanhamento das tarefas do Osvaldo, mostrando a ele que simplesmente não é razoável que as entregas se atrasem constantemente. Osvaldo precisa sentir um pouco mais as consequências de sua falta de foco no trabalho e excesso de foco no aprendizado.

Notem que ambas as situações requerem mudanças das atitudes do Alberto para que o time mude. Notem também que, em termos de trabalho e aprendizagem, o Alberto está falhando em ambos, mostrando que na verdade estava com um perfil de liderança um pouco ausente e sem personalidade definida. Este vazio é lido pelos liderados e reflete na credibilidade do líder com sua equipe.

Como trabalhar com essas variáveis

1) Primeiro, como um grupo, veja se eles possuem o jeito de algum dos quadrantes. Não se prenda a pessoas

ainda, pense no coletivo e veja se algum dos quadrantes se destaca.

2) Vendo esse quadrante, procure definir suas ações novamente coletivas (campanhas). Por exemplo, se o grupo estiver acomodado reivindicador, você precisa de maneira coletiva forçar mais o aprendizado. Você pode pensar em um *job rotation*, novos projetos e outras coisas do tipo. Se forem debatedores, você precisa pensar em estabelecer um rigoroso plano de metas e acompanhamento mais rígido através de rituais individuais. Note que todas essas coisas são ações feitas para você como líder mudar, para que eles depois disso mudem.

3) Depois você pode posicionar individualmente as pessoas que não estão no quadrante que o grupo se destacou e pensar em ações específicas para elas.

4) Insira essas ações tanto nos seus rituais coletivos (reuniões com o grupo) quanto nos rituais individuais.

5) Não se esqueça de RESOLVER o quadrante dos habitantes. É importante que todos saibam que estar nesse quadrante tem sérias consequências.

2) Relacionamento e ajuda mútua

Essa segunda matriz vai ajudá-lo a detectar o nível de relacionamento e de disposição para a ajuda mútua, caracterizando quatro tipos adaptados do estudo desenvolvido por **Gareth Jones** no livro ***The caracter of the Corporation***, aplicado a entendimento dos diferentes tipos de cultura presentes nas organizações. O quadro a seguir foi adaptado do original de Jones.

A base de raciocínio está associada à ideia de que pessoas que se relacionam bem têm maior tendência a se ajudarem.

Quando não conhecemos direito as pessoas, temos maior dificuldade de nos aproximar e, consequentemente, menor solidariedade e cooperação imperam. Não que todos precisem ser amigos íntimos, pois isso seria até inadequado, como veremos a seguir, mas também é preciso que se desenvolva um bom nível de sociabilidade para que a cooperação que tanto precisamos aconteça.

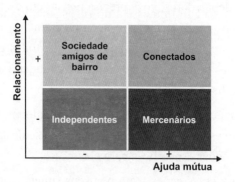

O grupo chamado de **sociedade amigos de bairro** é aquele que não ajuda você em nada, mas se caracteriza por um ótimo relacionamento entre seus integrantes. São um pouco parecidos com os habitantes e também são mais comuns nas empresas fora dos grandes centros. A turma se gosta, afinal o gerente de planejamento é casado com a filha do chefe de produção, além de padrinho de casamento do porteiro, e batizou o filho mais novo do chefe de segurança. Aliás, não é bom esquecer que esse menino, agora rapaz, namora a irmã do encarregado de materiais... e assim vai. Esse grupo possui um equilíbrio próprio e consegue exercê-lo. Por exemplo, se a organização implantar remuneração variável, a turma implanta outro critério variável interno, que mantém equilibrada a sociedade lá fora, que é praticamente uma única família. Chamamos esse grupo de sociedade amigos de bairro porque se constitui por uma rede muito articulada de relações e interesses. E por que se ajudam tão pouco no trabalho? Porque o trabalho estressa as relações e gera conflitos que são indesejáveis para a sociedade amigos de bairro. Então, o distanciamento no trabalho faz com que as relações fora dele fiquem preservadas. O resultado disso é que, no trabalho, embora todos se gostem, eles atuam de forma individual. A única forma de o gestor conseguir tirar esse grupo desse quadrante é exigindo que eles trabalhem juntos em certas tarefas. Note que o verbo usado é forte, "exigir", pois se apenas pedir eles darão um jeito de fazer de forma isolada e somar o resultado no final, e não é isso que faz a alta *performance*.

No grupo **mercenário** as relações são pouco intensas, o trabalho é individualmente intenso e – atenção – eles só se ajudam mediante *troca*. Só fazem coisas que agreguem ganhos ou favores mútuos. Não interprete aqui o termo mercenário apenas pelo lado negativo e procure entender a situação como um todo. Existem três formas de você obter o comprometimento das pessoas: a emoção – a mais forte –, a razão e a remuneração. Quando um gerente tira a emoção de um grupo e não instala a razão, resta como base de relacionamento apenas a recompensa, especialmente a monetária.

Por exemplo: uma pessoa trabalha no meu time de forma entusiasta, doadora e eu, desconsiderando isso, trato-a como um recurso, como se fizesse parte dos móveis e utensílios da empresa. Como ninguém gosta de se sentir um abajur, a pessoa perde a emoção e começa a raciocinar. Sua razão avalia que o meu nível de doação não é o mesmo que o dela. O próximo passo, então, é ela se perguntar: "Por que estou me doando tanto? Por que estou trabalhando aos sábados? Por que estou ficando à noite? O que eu ganho com isso?"

Quando um grupo chega nesse ponto tóxico, passa a ser mercenário, vende o seu tempo para a empresa. Nossa experiência dessa relação entre gerentes e times nos leva a dizer que quem provoca isso é o gerente. No momento da admissão, a pessoa chega com emoção. Imagine alguém desempregado, passando necessidades e que consegue um novo emprego. A pessoa aceita e está feliz, emocionada e certamente disposta a fazer um bom trabalho. Ganhou o emprego em que termos? Com emoção! Malgerenciado, porém, em dois ou três meses, o funcionário sente-se sem reciprocidade: "Estou ganhando aquele salário para fazer isso tudo?!"

Está claro, portanto, que é a baixa capacidade de liderança pela razão que induz ao raciocínio mercenário. E como mudar? Criando um ambiente mais aberto e emocional. Uma das formas é aumentar a sociabilidade. Fazer as pessoas se conhecerem como pessoas, ou seja, sem farda. Tem família? Para que time torcem? O que gostam de fazer fora do trabalho? Como vivem e o que fazem ajuda as pessoas a se gostarem um pouco mais e a se ajudarem porque se gostam.

Em uma empresa com a qual trabalhamos, certa vez detectamos que seu time de presidente e vice-presidentes estava com comportamento meio mercenário e que precisaria desenvolver sociabilidade para que pudesse evoluir em colaboração. Preocupados com um evento que preparamos para esse fim, solicitamos a ajuda de uma experiente psicóloga para nos apoiar nesse delicado objetivo. O time era composto somente de feras. Pessoas muito bem preparadas e com desempenhos individuais impecáveis. Uma delas com 31 anos era talvez uma das mais exigentes e difíceis entre elas, além de ser a mais jovem.

Para começar os trabalhos em um hotel, a psicóloga distribuiu papel, canetinhas hidrográficas e solicitou que cada um fizesse um desenho. O gestual corporal de todos falou mais alto sobre o incômodo que sentiam com aquela tarefa. Um deles, mais incomodado, perguntou: "Desenhar o quê?" Ela respondeu: "Qualquer coisa que represente você e como você está". Mais incômodo. Depois de alguns minutos eles já haviam terminado e a psicóloga solicitou que eles se juntassem em círculo e apresentassem os desenhos, um de cada vez, e que falassem um pouco sobre si mesmos. Um primeiro, mais ansioso, já foi logo falando: "Fiz uma casinha, pois é a única coisa que sei desenhar" e, em dois minutos, já havia falado. Depois de um silêncio constrangedor, a psicóloga falou: "Quem quiser fazer perguntas sobre o desenho dele pode fazer".

Rápidos e inteligentes, os executivos já começaram: "Por que sua casinha não tem janelas?"

O dono do desenho respondeu: "Acho que estou meio fechado no meu mundo. Também não tenho a ajuda de ninguém, estou o tempo todo pressionado e ninguém se mostra disponível. Aí eu resolvi mesmo ficar na minha..." e assim foi. Uma hora depois eles estavam terminando de conversar sobre o primeiro desenho, o que trouxe muito esclarecimento mútuo ao grupo.

O segundo desenho era uma árvore e seguiu um caminho parecido. "Por que sua árvore foi desenhada com uma só cor, já que haviam tantas cores disponíveis?" "É por que estou meio sem brilho nessa equipe..." E, assim, mais uma hora no segundo desenho e muitas coisas discutidas sobre o comportamento do time. Santa psicóloga, pensamos. Até que aquele vice-presidente mais jovem e problemático que mencionamos antes mostrou o desenho de um fusca verde na sua vez de falar. E se abriu...

– Minha mãe abandonou meu pai, eu e meu irmão quando eu tinha 8 anos e meu irmão, 4. Meu pai era professor de Inglês e não tinha com quem nos deixar para poder dar aulas nas empresas. Então ele nos deixava dentro do carro no estacionamento das empresas, enquanto dava as aulas. Enquanto isso, eu cuidava do meu irmão dentro do fusca verde. Isso se estendeu até meus 12 anos, quando eu fugi de casa. Na verdade, fugi do fusca verde, pois não aguentava mais. Desde então não encontrei mais meu pai e meu irmão. A vida foi muito dura comigo e eu me tornei também uma pessoa muito dura e em resposta também muito exigente. Sei que sou muito duro com muitos de vocês na relação e sei que sou parte do problema e de por que estamos juntos aqui hoje, mas preciso de ajuda para perceber quando estou passando do ponto, pois não consigo perceber sozinho.

Essa declaração mudou totalmente o relacionamento dessa equipe que fez progressos enormes como time em pouquíssimo tempo. O que mudou? Eles apenas se conheceram melhor e se entenderam melhor. Agora sem a farda.

Algumas equipes não são orientadas pelo relacionamento e nem pela ajuda mútua. Nós os chamamos de **independentes**. Não se comportam como grupo. Cada um dos seus integrantes ou cada pequena "panela" tem uma diretriz de comportamento diferente. Essas equipes são frias, a emoção, normalmente, está colocada em outras dimensões da vida, não no trabalho, e a base de troca não é muito forte. Às vezes, um ou outro integrante apresenta um desempenho diferenciado, mas sem se importar se os demais, inclusive o gerente, estão gostando ou não. Eles vêm, trabalham, entregam o que é pedido e vão embora. As conversas são objetivas e distantes. Nem almoçar juntos eles almoçam. Ninguém conhece efetivamente seu par. E não se interessam por isso.

Como mudar um ambiente desses? Precisa aumentar substancialmente o relacionamento e a ajuda mútua. É o quadrante mais complicado e pode novamente exigir ajustes na composição do grupo.

> **Toti Loriggio** – Tive a oportunidade de liderar um time de uma equipe de TI que tinha um antigo funcionário que fazia a mesma coisa há muitos anos cuidando da manutenção de um sistema antigo em uma linguagem já ultrapassada. O sistema ia bem e os usuários estavam satisfeitos com o atendimento do analista. Entretanto, ele passava horas na frente do computador e ninguém sabia ao certo o que ele fazia. Quando tentávamos nos aproximar para entender, pois como equipe nós estávamos muito apertados e queríamos a ajuda dele, ele respondia de forma monossilábica que estava consertando os problemas do sistema. Mas o sistema está no ar há tantos anos e ainda tem problemas? Resposta: "tem, e muitos". Na verdade, tinha mesmo, mas sua atitude impermeável tornava qualquer aproximação um desafio. Tentei de tudo, desde grudar uma pessoa para entender as coisas junto com ele até eu mesmo ficar junto para entender, mas nada adiantou. Como eu precisava efetivamente de um time que interagisse, sugeri que prestasse o mesmo serviço que ele fazia como empregado, mas na forma de um prestador de serviços externo. Ele então montou a sua empresa e continuamos dessa forma até o momento em que o sistema foi desativado. Felizmente para ambos os lados, ele percebeu que

precisava de outros clientes e, em pouco tempo, conseguia fazer outros serviços, até que no momento da desativação ele já não dependia mais somente do antigo sistema.

Quando um grupo apresenta um nível de relacionamento alto e um bom patamar de ajuda baseada na troca, desde que não seja financeira, você está diante de um **grupo de conectados**. Olhando essa equipe, também pela primeira matriz, você verá que, certamente, está situada entre as que trabalham muito e aprendem muito.

• *Relacionamento* versus *ajuda mútua e o caso do Alberto (p. 120-127)*

A princípio não percebemos problemas claros de sociabilidade da equipe do Alberto. Eles aparentemente se gostam e se relacionam bem. Fazem seus churrascos de vez em quando, agitados pelo Marcelo, que é um dos líderes de sociabilidade interna. Também grande parte da equipe almoça junto, o que mostra rituais de sociabilidade importantes. Não chegam a exagerar na sociabilidade, pois não se comportam como sociedade amigos de bairro, e se ajudam frequentemente. Também não se comportam de forma mercenária. Entretanto, um dos participantes possui claramente uma postura independente. Carlos é um problema. Vem, trabalha e volta para casa como se não existisse a equipe. Trabalha direitinho e entrega, mas não ajuda nem interage. Como o Alberto necessita da interação e da ajuda interna, o Carlos traz grande impacto para o time. Todos comentam e reclamam de seu comportamento, mas ele simplesmente não liga. Em nossa experiência, personalidades como a do Carlos podem trazer muitos problemas para uma equipe, e são muito difíceis de mudar, porque não acreditam que a interação e ajuda façam diferença. Alberto precisaria convencê-lo de que o desempenho do grupo exige que ele mude. Carlos também precisa sentir as eventuais consequências de não mudar. Neste caso Alberto novamente está com problemas, pois o Carlos não tem um substituto pronto e sente-se imune a qualquer possível troca. Alberto precisa urgentemente criar um substituto para o Carlos.

Como trabalhar com a matriz

1) Novamente, como um grupo, veja se eles possuem o jeito de algum dos quadrantes. Não se prenda a pessoas, pense no coletivo e veja se algum dos quadrantes se destaca.

2) Vendo esse quadrante, procure definir suas ações coletivas. Por exemplo, se o grupo estiver mercenário, você precisa de maneira coletiva forçar mais a sociabilidade e o relacionamento através de campanhas focadas. Você pode pensar em criar grupos-tarefa. Atividades fora do trabalho, como um jantar em sua casa ou um *happy hour*. Uma atividade de *team building* pode ajudar nessa hora. Se forem mais para sociedade amigos de bairro, você precisa forçar a colaboração e ajuda mútua no trabalho, colocar isso na frente e não as relações pessoais entre os liderados.

3) Depois você pode posicionar individualmente as pessoas que não estão no quadrante que o grupo se destacou e pensar em ações específicas para elas.

4) Insira essas ações tanto nos seus rituais coletivos (reuniões com o grupo) quanto nos rituais individuais.

5) Não se esqueça de RESOLVER o quadrante dos independentes. É importante que todos saibam que estar nesse quadrante tem sérias consequências.

3) Preparo para o desempenho atual e futuro

Para reconhecer um grupo também é necessário verificar como seus integrantes estão preparados para lidar com as questões apresentadas pelo presente e com as já vislumbradas para o futuro. Na matriz você pode identificar os quatro tipos básicos propostos para essa perspectiva:

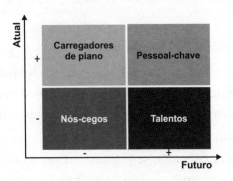

Existem grupos muito bem preparados para o desempenho atual, pois conhecem tudo o que compõe o cenário presente. São os **carregadores de piano**. Enquanto o desafio presente for o mesmo, eles serão sempre aptos e responderão com grande competência. Mas, como o ambiente é mutante e o conhecimento para o trabalho está em constante evolução, esse grupo corre o risco de, com o passar dos anos, se tornar obsoleto por falta de preparo para esse futuro. Em áreas em que os movimentos são lentos, isso pode ser menos preocupante, mas, em áreas em que a tecnologia e *know-how* mudam velozmente, ter um grupo de carregadores de piano pode ser uma verdadeira ameaça ao desempenho futuro. O líder então precisa fazer com que o time se prepare antecipadamente para o que virá no futuro.

Outros estão prontos para tudo o que virá, mas no que está acontecendo agora ainda vacilam. É a turma do **talento**. Em geral, é um grupo de pessoas que acabaram de sair da universidade e dominam os conhecimentos de ponta, mas carecem da prática, do dia a dia e das dicas e truques que só a experiência cotidiana produz. Para esse grupo, o líder deve providenciar o máximo de "mão na massa" possível para a tecnologia de hoje mesmo. Eles precisam desenvolver calos nas mãos para se tornarem mais efetivos.

Finalmente, há o grupo que não está preparado para o que vem à frente e para dar conta do presente ainda precisa de treinamento intensivo. Esses são os **nós-cegos**. Nesse perfil de equipe, você pergunta a um dos funcionários: "O que vamos fazer sobre isso?", e ele responde: "É só o senhor dizer o que fazer. Estou aqui e estou disposto". Ao insistir em pedir uma sugestão, provavelmente, você vai ouvir algo como: "Minha sugestão é, justamente, ouvir o que o senhor tem a dizer!" Em geral, esses grupos são formados por pessoas obedientes e, se você for um gestor do tipo herói, que resolve sozinho todas as paradas, eles vão adorar. E você vai adorar trabalhar com eles.

A equipe do tipo pessoal-chave está altamente preparada tanto para aquilo que existe hoje como para o que virá à frente. O risco do líder nesse tipo de grupo é mínimo, pois não ficará sem o tão necessário preparo.

Preparo atual e futuro e o caso do Alberto (p. 120-127)

Talvez o problema maior ligado a esses assuntos esteja concentrado na Denise. Ela é a própria carregadora de pianos. Preparada exclusivamente para o hoje e limitada para o futuro em uma área como TI, na qual o futuro vem a galope. Se Denise não conseguir se preparar para o futuro com novos conhecimentos ligados ao trabalho de TI, estará em breve caindo para o quadrante dos nós-cegos. Notamos que Carlos, Valdomiro e Suzuki também têm traços de carregadores de piano, o que mostra que o Alberto como líder precisa imediatamente mostrar o senso de urgência deste preparo futuro para grande parte de seu time.

Como trabalhar com a matriz

1) Como um grupo, veja se eles possuem o jeito de algum dos quadrantes. Não se prenda à pessoa, pense no coletivo e veja se algum dos quadrantes se destaca.

2) Vendo esse quadrante, procure definir novamente suas ações coletivas. Por exemplo, se o grupo estiver como carregadores de piano, você precisa de maneira coletiva prepará-lo para o futuro, provocando o grupo a pensar em carreira e em longo prazo. Mostre que o destino de um carregador de piano em longo prazo é se tornar um nó-cego e, portanto, não ter mais lugar na equipe. Se forem talentos, você precisa pensar em estabelecer um foco para acelerar o preparo de curto prazo. Talvez juntar pessoas mais experientes aos mais jovens em tarefas de curto prazo.

3) Depois você pode posicionar individualmente as pessoas que não estão no quadrante que o grupo se destacou e pensar em ações específicas para eles.

4) Insira essas ações tanto nos seus rituais coletivos (reuniões com o grupo) quanto nos rituais individuais.

5) Não se esqueça de RESOLVER o quadrante dos nós-cegos. É importante que todos saibam que estar nesse quadrante tem sérias consequências.

Tudo junto agora!

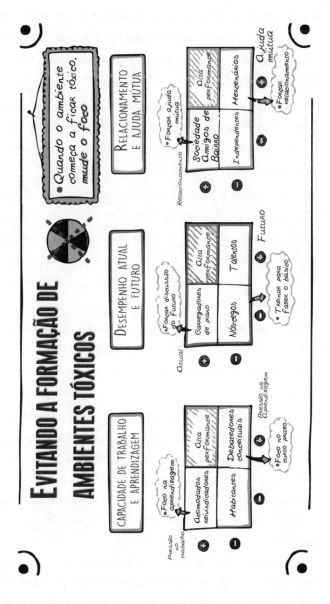

Considerando as seis dimensões em que podem ocorrer toxidades:

• *pressão no trabalho* versus *pressão em aprendizado como decorrência tóxica* – Acomodação reivindicatória, equipe de talentos, mas com baixa entrega, ou, pior ainda, habitantes organizacionais.

• *sociabilidade* versus *ajuda mútua* – Em que o time aparenta mais uma sociedade amigos de bairro do que produtor de resultados ou só se ajudam mediante trocas (mercenários), ou ainda o pior: a frieza dentro da equipe.

• *preparo para o presente* versus *preparo para o futuro* – Também pode ocasionar um time que carrega o piano, mas foge do médio prazo ou só gosta do longo prazo e não põe a "mão na massa", ou ainda pior: nem futuro nem presente, e se constituem em grupos totalmente despreparados, ou seja, os nós-cegos.

Todos esses casos precisam, sem dúvida, ser tratados conforme descrito anteriormente por meio de campanhas.

Vamos colocar tudo isso num mesmo pano de fundo. Vamos imaginar:

• **Caso 1**: você assume uma equipe que está se comportando como acomodados reivindicatórios devido ao forte foco somente no curto prazo, e não têm preparo para o futuro nem para o presente, portanto, nós-cegos e, além disso, formam uma sociedade amigos de bairro (têm muito relacionamento entre eles extratrabalho, durante ou depois do horário de produzir resultados para a empresa). O QUE FAZER? Situação difícil, pois teria de desenvolver campanhas para todas as variáveis e não acreditamos que esse seja o caminho. Muito cuidado, porque o clima e o relacionamento dentro da equipe estão bons, o que está ruim é o engajamento proativo para a busca de resultados. Neste caso, opte por trocar algumas pessoas para mudar o contexto e as relações internas e começar novamente: escolha uma variável, faça um plano de ação e atue fortemente para, em dois ou três meses, reverter a situação!

• **Caso 2**: você assume uma equipe que está diferente do caso 1, ou seja: adoram aprender coisas novas, mas odeiam metas e cronogramas de curto prazo, entendem bem do futuro e são desanimados com o presente e só se ajudam se houver alguma troca de favores. O QUE FAZER? Novamente uma situação difícil, mas muito diferente do caso 1. A sua atitude como líder é a mesma, escolha uma variável, faça um plano de ação e atue para obter um engajamento diferente.

Poderíamos delimitar vários casos diferentes dos relatados como os acima, mas o que queremos destacar é a necessidade de você como líder:

1) ficar atento a cada uma das seis variáveis de toxidade e atuar para evitar que elas passem dos limites;

2) se alguma estiver tóxica, atuar rapidamente na variável contrária do gráfico através de um plano de ação e mudar o panorama de engajamento o mais rápido possível;

3) se não existir nenhuma das toxidades acima, deixar estas variáveis quietas, pois não vale a pena atuar se não há problema!

Note bem, muito embora o clima e o relacionamento dentro de uma equipe sejam algo que realmente oportuniza a realização de resultados superiores, o que você tem de focalizar definitivamente é o engajamento. Imagine se você assumir a equipe do caso 1 e atuar fortemente, o clima e o relacionamento entre eles vão piorar, mas o engajamento vai crescer com certeza! Nem sempre um clima favorável significa alto engajamento.

Humor, amor e significado

Um time, para funcionar, precisa de cola, de argamassa, que una as pessoas em torno do trabalho que precisa ser realizado para que se produzam resultados superiores. Segundo Paul Evans, do Insead, existem três bases que sustentam a *performance* superior. São elas:

- humor;
- amor;
- significado.

Agora, utilizando uma abordagem mais emocional, uma vez que estamos falando de pessoas e de como uni-las, entenderemos os ingredientes de humor, amor e significado presentes no trabalho do dia a dia das pessoas de sua equipe.

Humor	Amor	Significado	Desempenho
alegre	afável	obra	responsável
triste	rude	tarefa	imposto

Primeiramente, observe a turma trabalhando e procure sentir se o clima é **triste ou alegre**. Não estamos falando de bom humor ou mau humor momentâneo, mas da forma normal de convívio do grupo. Procure verificar qual o nível de emoção positiva do grupo. Sempre que existe emoção positiva, o clima é alegre. A segunda questão refere-se ao relacionamento entre as pessoas: **afável ou rude**. Pode até não ser afável, mas também não precisa ser rude. Neste ponto, você está olhando o amor em seu sentido mais nobre. Ou seja, gostar do que faz, onde faz e com quem faz. Quando o clima é favorável, as pessoas se admiram mutuamente. Claro que sempre existem diferenças, mas elas são menores e deixadas para um segundo plano. A terceira base diz respeito ao significado, ou seja, a sua equipe está realizando tarefas como um fim em si mesmo ou está envolvida com uma obra que signifique para cada um deles um valor adicional ao currículo. O trabalho é apenas trabalho ou traz em si um significado maior.

Se o clima for triste, o relacionamento duro, a equipe faz a tarefa porque não tem outro jeito e, mesmo assim, o desempenho é alto, é sinal de que o gestor trabalha impondo níveis de *performance* por meio de comando e controle implacáveis. Se ele relaxar, o que acontece? Certamente, o pessoal ficará mais alegre, porque terá mais tempo para cultivar o relacionamento entre eles. Não vai ser aquele relacionamento afável, para o qual o trabalho tem um significado e faz sentido em suas vidas. O máximo que você pode conseguir de um time assim, ao relaxar a pressão para volume de tarefas, é melhorar um pouco o relacionamento e o clima, mas você não fará a mudança de patamar emocional.

Em compensação, se o seu time é alegre, afável, se a turma se gosta e se admira – o que hoje é uma condição básica para trabalhar em grupo –, é sinal de que você está conseguindo compartilhar uma causa, uma unidade de propósito. A partir daí, você contará com uma equipe de alto nível de desempenho.

E, se você não fizer pressão, o que acontece? Nada! Eles continuam a trabalhar no mesmo ritmo e com o mesmo prazer.

Existem situações, entretanto, em que um grupo se encontra em situação quase irrecuperável. Uma delas é quando as pessoas percebem que, mesmo mantendo um clima ruim e *performance* pífia, nada acontece e todos se sentem seguros e confortáveis. Como gestor, você não terá muita chance. São equipes formadas por pessoas imaturas, que não sabem o que fazer, porque, provavelmente, há um bom tempo não estudam, não se relacionam e não se empenham mais. É muito provável que, para iniciar o processo de transformação, você tenha de identificar rapidamente quem deve ser o primeiro a ser substituído. Essa é a forma de sinalizar a redução do nível de segurança e investir na recuperação, pelo menos, de uma parte da equipe. Acertando nesse primeiro movimento, você terá grandes chances de recuperar seu time.

Em conclusão a este capítulo, vale a pena algumas ponderações finais sobre a forma de aplicação dessas ferramentas do perfil de comportamento da equipe. Você pode fazer essas análises em conjunto com o grupo ou sozinho. Recomendamos fortemente que, primeiro, você as faça sozinho, porque as suas conclusões pessoais podem ser diferentes daquelas definidas pela equipe.

Quando você faz a análise com eles, na realidade já está iniciando a mobilização do grupo para a mudança. Isso é sutil, ou seja, para desenhar a mobilização há coisas que você precisa fazer ANTES para perceber como está a equipe e definir quais serão seus próximos movimentos como gestor. Então, se você já fizer o diagnóstico em conjunto com o grupo, poderá mobilizá-lo para direções sobre as quais não consiga ou não queira ter ação depois.

Nesse tipo de processo, felizmente, você também terá gratas surpresas, e é por isso que ele é justo. Quando aumentar a velocidade, por exemplo, pode ser que o Paulo, aquele que você colocou no grupo de independentes, focado em tarefas e com recaídas de nó-cego, diga assim: "Gostei da velocidade!" Você se surpreende, pensa que errou no quadrante do Paulo, que estava naquele passo de véspera de aposentadoria, e olha só ele voando baixo! Nesse dia, pode ter a certeza de que recuperou a emoção da equipe.

3
Você e seu time

Liderar não é apenas "tocar a vida", resolver problemas e tomar decisões. Requer uma abordagem apropriada e ferramentas que sejam práticas e úteis para conseguir extrair a máxima *performance* da área sob sua responsabilidade e que conta com pessoas a serem lideradas. Com a abordagem correta e as ferramentas certas, você pode conseguir que seu time "toque a vida", resolva os problemas e tome as decisões de forma autônoma. Neste momento seu papel como líder estará se tornando mais completo e eficaz.

O uso da primeira ferramenta que mencionamos neste livro, Q1 – Q4, cria um espaço do estilo gerencial associado à sua personalidade, permitindo que você diferencie sua liderança de acordo com o que é necessário para cada liderado. Embora seja uma ferramenta intuitiva e, em muitos aspectos, óbvia, seu uso confere consistência à atuação e permite que não se caia inadvertidamente no fácil caminho de exercer seu estilo de conforto.

A multiplicidade do uso dos 4 estilos requer prática para que, em cada situação que se apresente, você consiga determinar em qual quadrante o liderado se encontra e como fazer para aplicar o estilo correto para aquele momento, sem precisar recorrer aos livros para se lembrar dos conceitos.

Inúmeras vezes nos pegamos respondendo a uma simples dúvida de um liderado somente porque sabemos a resposta. Nem sempre responder corretamente à pergunta feita significa aplicar corretamente o estilo de liderança. Antes de liderar, devemos sempre nos perguntar: O liderado está preparado para esta situação ou assunto? O liderado está com a atitude correta? Sem termos as duas respostas, nós não teremos como atuar da melhor forma com o liderado.

Liderar não é fazer o que o liderado "quer". Tampouco fazer o que o líder "quer" ou está confortável em fazer. Liderar é fazer o que a situação e o liderado "precisam".

Quando conseguirmos fazer essas perguntas de forma automática e nos posicionarmos nos quadrantes corretos a cada situação antes de agirmos, estaremos com a ferramenta implementada e operante, obtendo o melhor resultado de cada indivíduo.

Como vimos também nas páginas anteriores, nem tudo é individual. Parte do desempenho está atrelada ao funcionamento coletivo de times. Certas situações exigem que tenhamos também um time preparado e maduro. Dessa forma, outro conjunto de ferramentas e abordagens precisa ser levado em conta.

O coletivo tem uma força imensa que, quando bem-aproveitada, traz resultados surpreendentes e acima de quaisquer expectativas. Sabemos bem o que é isso principalmente nos esportes coletivos como futebol, vôlei e basquete, nos quais o aspecto da coletividade desempenha um papel fundamental do resultado final. Temos em nossa memória inúmeros exemplos de times esportivos de alta e baixa *performance*, independentemente de quão boa era sua formação em termos individuais.

Sabemos muito bem criticar o desempenho coletivo de nosso time do coração e da seleção brasileira, mas somos complacentes quando assumimos o papel de líder e aceitamos a atuação de times imaturos, individualistas e com baixa confiança interna sob nossa direção.

Com as ferramentas aqui apresentadas visando ao comportamento coletivo, conseguimos entender as armadilhas nas quais os times podem cair, obter um modelo que nos permite entender a maturidade do time por meio de variáveis específicas e, finalmente, verificar em que temos falhado como líderes ao esticar ou não assuntos como entrega *versus* aprendizagem, relacionamento *versus* ajuda mútua e preparo atual *versus* preparo futuro, evitando as toxidades que se acumulam com o tempo, e ainda a cola final que une o time em termos de humor, amor e significado.

Ao colocar um grupo em marcha vai perceber que alguns começam a andar e outros ficam para trás. Quando isso acontece, nossa recomendação é que você imprima ainda mais velocidade ao processo. Esse é o único critério seletivo justo. Mostre a todos que o critério de mérito é a velocidade e que ele é extremamente justo. Comece a trabalhar com os mais rápidos e acerte a vida dos mais lentos.

Nas páginas deste livro procuramos passar o que conhecemos de melhor para que você tenha um time que se exceda em *performance*. Tenha certeza absoluta de que nada acontecerá se seus *insights*, agora aguçados, não saírem de sua cabeça para a ação.

Lembre-se também de que estamos lidando sempre com pessoas e que um ótimo time não se forma do dia para a noite. Leva tempo, esforço e toneladas de energia. Os mais fracos desistem no caminho.

Por último, as equipes não duram para sempre. Quando você acha que chegou lá, as pessoas mudam de área, são promovidas ou mudam de empresa. Você, como líder, também mudará e isso significa que terá de recomeçar o trabalho inúmeras vezes em sua carreira. Daí entendermos que a liderança, mais que uma função ou uma profissão, é vocação. Precisa gostar de gente.

Referências

AMABILE, T. & KRAMER, S. *Progress Principle*. Harvard Business Review Press, 2011.

BAND, W.A. *Competências críticas* – Dez novas ideias para revolucionar a empresa. Rio de Janeiro: Campus, 1997.

BEATTY, R.W.; HUSELID, M. & SCHNEIER, C.E. *Organizational Dinamics*. The New HR metrics: Elsevier, 2003.

BEER, M.; EISENSTAT, R.A. & SPECTOR, B. *The Critical Path to Corporate Renewal*. Harvard Business School Press, 1990.

BENNIS, W. *A formação do líder*. São Paulo: Atlas, 1996.

BENNIS, W. & BIEDERMAN, P.W. *Os gênios da organização* – As forças que impulsionam a criatividade das equipes de sucesso. Rio de Janeiro: Campus, 1999.

BERGAMINI, C.W. *Motivação nas organizações*. São Paulo: Atlas, 1997.

BLAKE, R.R. & MOUTON, J.S. *O grid gerencial III* – A chave para a liderança eficaz. São Paulo: Pioneira, 1989.

BLANCHARD, K. *Liderança de alto nível* – Como criar e liderar organizações de alto desempenho. Porto Alegre: Bookman, 2007.

BOSSIDY, L. & CHARAN, R. *Execução*. Rio de Janeiro: Elsevier, 2005.

BOYATZIS, R. & McKEE, A. *O poder da liderança emocional*. Rio de Janeiro: Elsevier, 2006.

BRACHE, A.P. & RUMMLER, G.A. *Melhores desempenhos das empresas* – Ferramentas para melhoria da qualidade e da competitividade. São Paulo: Makron Books, 1992.

BRADFORD, D.L. & COHEN, A.R. *Excelência empresarial* – Como levar as organizações a um alto padrão de desempenho. São Paulo: Harper & Row, 1985.

BRIDGES, W. *Mudanças nas relações de trabalho* – JobShift. São Paulo: Makron Books, 1995.

BUCKINGHAM, M. & COFFMAN, C. *Primeiro quebre todas as regras*. Rio de Janeiro: Campus, 1999.

CAMP, R.C. *Benchmarking*: o caminho da qualidade total. São Paulo: Pioneira, 1993.

CARTHY, J.J. *Por que os gerentes falham*. São Paulo: McGraw-Hill, 1998.

CHIAVENATO, I. *Gestão de pessoas* – O novo papel dos recursos humanos nas organizações. Rio de Janeiro: Campus, 1999.

COLLINS, J. *Empresas feitas para vencer*. São Paulo: Elsevier, 2002.

CONNER, D.R. *Gerenciando na velocidade da mudança*. Rio de Janeiro: Infobooks, 1995.

COVEY, S.M.R. *O poder da confiança*. Rio de Janeiro: Elsevier, 2008.

_____. *Os sete hábitos das pessoas altamente eficazes*. Rio de Janeiro: Best Seller, 2005.

DEPREE, M. *Leadership is an art*. Nova York: Doubleday, 1989.

DRUCKER, P. *Inovação e espírito empreendedor*. São Paulo: Pioneira, 1987.

FOURNIES, F.F. *Coaching for improved work performance*. Nova York: Van Nostrand Reihold, 1987.

GAUDÊNCIO, P. *Mudar e vencer* – Como as mudanças podem beneficiar pessoas e empresas. São Paulo: Gente, 1999.

GLADWELL, M. *Blink*. Rio de Janeiro: Rocco, 2005.

GOFFEE, R. & GARETH, J. *The character of a corporation*. Londres: Profile Books, 2003.

GOLEMAN, D. *Inteligência emocional*. Rio de Janeiro: Objetiva, 2001.

_____. *Trabalhando com a inteligência emocional*. Rio de Janeiro: Objetiva, 2001.

GOUILLART, F.J. & KELLY, J.N. *Transformando a organização*. São Paulo: Makron Books, 1995.

GOZDZ, K. *A construção da comunidade como disciplina de liderança*. São Paulo: Cultrix, 1992.

GUBMAN, E.L. *Talento*. Rio de Janeiro: Campus, 1999.

HAMEL, G. *Liderando a revolução*. Rio de Janeiro: Campus, 2000.

HANDY, C. *The Hungry Spirit* – Beyond capitalism: a quest for purpose in the modern world. Nova York: Broadway Books, 1998.

_____. *A era da transformação* – A transformação no mundo das organizações. São Paulo: Makron Books, 1997.

_____. *Tempo de mudanças*. São Paulo: Saraiva, 1989.

HICKMAN, C. & SILVA, M. *A perfeição como lema*. Rio de Janeiro: Record, 1984.

KAPLAN, R.S. & NORTON, D.P. *A estratégia em ação*. Rio de Janeiro: Campus, 1997.

KATZENBACH, J.R. *Os verdadeiros líderes da mudança* – Como promover o crescimento e o alto desempenho na sua empresa. Rio de Janeiro: Campus, 1996.

KEPNER, C. & TREGOE, B.B. *Administrador racional*. São Paulo: Atlas, 1971.

KETS DE VRIES & MANFRED, F.R. *Liderança na empresa*. São Paulo: Atlas, 1997.

KIRBY, T. *O gerente que faz acontecer*. São Paulo: Maltese, 1991.

KOFMAN, F. *Consciência nos negócios*. Rio de Janeiro: Elsevier, 2007.

KOTTER, J.P. *Liderando mudança*. Rio de Janeiro: Campus, 1997.

KOUZES, J.M. & POSNER, B.Z. *O coração da liderança* – Os sete passos para estimular pessoas e aumentar resultados. São Paulo: Gente, 2011.

_____. *Credibilidade, como conquistá-la e mantê-la perante clientes, funcionários, colegas e o público em geral*. Rio de Janeiro: Campus, 1994.

_____. *O desafio da liderança* – Como conseguir feitos extraordinários em organizações. Rio de Janeiro: Campus, 1991.

LENCIONI, P. *The five disfunctions of a team*. São Francisco: Jossey--bass, 2002.

LORIGGIO, A. *De onde vêm os problemas*. São Paulo: Negócio, 2002.

MANDELLI, L. *Liderança nua e crua* – Decifrando o lado masculino e feminino de liderar. Petrópolis: Vozes, 2015.

MANDELLI, P. *Muito além da hierarquia*. São Paulo: Gente, 2001.

MANDELLI, P. et al. *A disciplina e a arte da gestão das mudanças*. Rio de Janeiro: Campus, 2003.

MANDELLI, P. & CORTELLA, M.S. *Vida e carreira*. Petrópolis: Vozes, 2014.

MANZ, C.C. & SIMS, H.P. *Empresas sem chefes*. São Paulo: Makron Books, 1994.

MARQUES, A.C.F. *Deterioração organizacional*. São Paulo: Makron Books, 1994.

MAXWELL, J.C. *Desenvolva sua liderança*. Rio de Janeiro: Record, 1996.

MLODINOW, L. *Subliminar*. Rio de Janeiro: Zahar, 2013.

MOREIRA, B.L. *Ciclo de vida das empresas* – Uma análise do desenvolvimento e do comportamento das organizações. São Paulo: STS, 1999.

MORGAN, G. *Imagens da organização*. São Paulo: Atlas, 1996.

ODIORNE, G.F. *Análise dos erros administrativos*. Rio de Janeiro: Interciências, 1979.

PETERS, T. *Rompendo as barreiras da administração* – A necessária desorganização para enfrentar a nova realidade. São Paulo: Harbra Business, 1993.

PETERS, T.J. & ROBERT JR., H. *Vencendo a crise* – Como o bom-senso empresarial pode superá-la. São Paulo: Harper & Row, 1982.

PINCHOT III, G. *Intrapreneurship* – Por que você não precisa deixar a empresa para tornar-se um empreendedor. São Paulo: Harbra, 1989.

PORTER, M.E. *Estratégia competitiva*. Rio de Janeiro: Campus, 1986.

RAY, M. & RINZLER, A. (orgs.). *O novo paradigma nos negócios*. São Paulo: Cultrix, 1996.

REBOUÇAS, D.P. *Planejamento estratégico*. São Paulo: Atlas, 1996.

REICHHELD, F. *Estratégia da lealdade*. Rio de Janeiro: Campus, 1996.

RENESCH, J. *Novas tradições nos negócios*. São Paulo: Cultrix Amana, 1993.

RIBEIRO, J. *Fazer acontecer*. São Paulo: Cultura, 1998.

ROBBINS, A. *Poder sem limites*. São Paulo: Best Seller, 1987.

SCHIRATO, M.A.R. *O feitiço das organizações*. São Paulo: Atlas, 2000.

SCHRADER, M. *Stories of success* – Inspiration for the entrepreneur. Nation's Restaurant News, 1998.

SENGE, P.M. *A quinta disciplina* – Arte, teoria e prática da organização de aprendizagem. São Paulo: Best Seller, 1993.

TICHY, N.M. & COHEN, E. *O motor da liderança* – Como as empresas vencedoras formam líderes em cada nível da organização. São Paulo: Educator, 1999.

TOMASKO, R.M. *Downsizing* – Reformulando e redimensionando sua empresa para o futuro. São Paulo: Makron Books, 1992.

ULRICH, D. *Recursos humanos estratégicos*. São Paulo: Futura, 2000.

USEEM, M. *O momento de liderar.* São Paulo: Atlas, 1997.

VRIES, M.F.K. *Reflexões sobre caráter e liderança*. São Paulo: Bookman, 2009.

_____. *Liderança na empresa*. São Paulo: Atlas, 1997.

VROOM, V. *Gestão de pessoas, não de pessoal*. Rio de Janeiro: Campus, 1997.

VROOM, V.H. & YETI'ON, P.W. *Leadership and decision*. Pittsburgh: University of Pittsburgh Press, 1973.

WEINBERG, G.M. *The Secrets of Consulting*. Nova York: Dorset House, 1985.

WHEATLEY, M.J. *Liderança e a nova ciência*. São Paulo: Cultrix, 2009.

WHITNEY, J. *The Trust Factor*. McGraw-Hill, 1994.

WILLIS, R. *What's happening to America's middle managers?* Management review, 1987.

Exercendo liderança
O papel central do líder, sua motivação, proatividade e equilíbrio emocional
Pedro Mandelli e Antônio Loriggio (Toti)

A proposta desse livro é oferecer um conteúdo específico para o desenvolvimento dos líderes, ou seja, seu autodesenvolvimento, autocontrole, empatia e articulação ao comandarem suas equipes.

Os autores defendem que os cinco temas essenciais para conquistar uma liderança de sucesso são: Entender o papel do líder; Motivação – própria e dos liderados; Proatividade – como autopropulsão; Equilíbrio emocional e O desafio das Capacidades.

Utilizando uma linguagem clara e acessível para trabalhar diversos conceitos e ideias essenciais à liderança, além de dicas e truques práticos, a presente obra busca provocar reflexões e mudanças na sua maneira de liderar.

Pedro Mandelli *Consultor nas áreas de Comportamento organizacional, Gestão de performance e Liderança e mudança organizacional. Sócio-diretor da Mandelli & Loriggio Consultores Associados, em São Paulo, e da Mandelli Consulting, Canadá. Professor da Fundação Dom Cabral desde 1992, atuando em programas de desenvolvimento executivo abertos e in company. Atua em todos os seus programas de MBA's desde a criação até o momento. É autor/coautor dos livros:* Muito além da hierarquia, Imaginando e desenhando a liderança, A disciplina e a arte da Gestão das Mudanças, Liderando para alta performance *e* Vida e carreira: um equilíbrio possível?, *em conjunto com Mario Sergio Cortella. Articulista de revistas de negócios desde 1990. Eleito um dos três professores mais queridos de programas de MBA e um dos cinco consultores/palestrantes de conteúdo mais requisitados do país. Todos os seus artigos, livros e projetos podem ser consultados em www.mandelli.com.br e demais meios existentes na mídia.*

Antônio Loriggio (Toti) *Consultor nas áreas de Gestão de performance e Comportamento organizacional. Sócio-diretor da Mandelli & Loriggio Consultores Associados; engenheiro naval pela Politécnica USP; mestre em Administração de Empresas pela FEA-USP. Atuação durante 15 anos na Editora Abril nas áreas de Sistemas, Tecnologia, Produção e Logística. Professor-convidado da Fundação Dom Cabral. Foi professor-fundador do Curso Superior de Tecnologia Gráfica do Senai SP. Consultor e professor na área de Gestão de Pessoas e Mudanças há mais de 16 anos. Responsável pela concepção e execução de projetos de consultoria e treinamento. É autor do livro* De onde vêm os problemas *e coautor dos livros* A disciplina e a arte da Gestão das Mudanças, Imaginando e desenhando a liderança *e* Liderando para alta performance.

CULTURAL

Administração
Antropologia
Biografias
Comunicação
Dinâmicas e Jogos
Ecologia e Meio Ambiente
Educação e Pedagogia
Filosofia
História
Letras e Literatura
Obras de referência
Política
Psicologia
Saúde e Nutrição
Serviço Social e Trabalho
Sociologia

CATEQUÉTICO PASTORAL

Catequese
Geral
Crisma
Primeira Eucaristia

Pastoral
Geral
Sacramental
Familiar
Social
Ensino Religioso Escolar

TEOLÓGICO ESPIRITUAL

Biografias
Devocionários
Espiritualidade e Mística
Espiritualidade Mariana
Franciscanismo
Autoconhecimento
Liturgia
Obras de referência
Sagrada Escritura e Livros Apócrifos

Teologia
Bíblica
Histórica
Prática
Sistemática

REVISTAS

Concilium
Estudos Bíblicos
Grande Sinal
REB (Revista Eclesiástica Brasileira)
SEDOC (Serviço de Documentação)

VOZES NOBILIS

Uma linha editorial especial, com importantes autores, alto valor agregado e qualidade superior.

VOZES DE BOLSO

Obras clássicas de Ciências Humanas em formato de bolso.

PRODUTOS SAZONAIS

Folhinha do Sagrado Coração de Jesus
Calendário de mesa do Sagrado Coração de Jesus
Agenda do Sagrado Coração de Jesus
Almanaque Santo Antônio
Agendinha
Diário Vozes
Meditações para o dia a dia
Encontro diário com Deus
Guia Litúrgico

CADASTRE-SE
www.vozes.com.br

EDITORA VOZES LTDA.
Rua Frei Luís, 100 – Centro – Cep 25689-900 – Petrópolis, RJ
Tel.: (24) 2233-9000 – Fax: (24) 2231-4676 – E-mail: vendas@vozes.com.br

UNIDADES NO BRASIL: Belo Horizonte, MG – Brasília, DF – Campinas, SP – Cuiabá, MT
Curitiba, PR – Fortaleza, CE – Goiânia, GO – Juiz de Fora, MG
Manaus, AM – Petrópolis, RJ – Porto Alegre, RS – Recife, PE – Rio de Janeiro, RJ
Salvador, BA – São Paulo, SP